Christoph Meiners

**Vermischte philosophische Schriften**

Christoph Meiners

**Vermischte philosophische Schriften**

ISBN/EAN: 9783743419483

Hergestellt in Europa, USA, Kanada, Australien, Japan

Cover: Foto ©Thomas Meinert / pixelio.de

Christoph Meiners

**Vermischte philosophische Schriften**

# Vermischte
## Philosophische
# Schristen
von
## Christoph Meiners,
Professor der Weltweisheit in Göttingen.

Zwenter Theil.

Leipzig, 1776.
in der Weygandschen Buchhandlung.

# I.

### Pſychologiſches Fragment über die Verſchiedenheiten des innern Bewuſtſeyns.

Wenn man nicht auf ſchlummernde, oder noch zu entwickelnde Fähigkeiten, ſondern auf den wirklichen Gebrauch, und die Aeuſerungen thätiger Kräfte ſieht; ſo ſind Menſchen nicht ſo ſehr von allen, ihnen untergeordneten Thieren, die vollkommenſten Individua unſers Geſchlechts nicht ſo ſehr von den verworfenſten Ungeheuern an Leib und Seele verſchieden, als derſelbige Menſch zu verſchiedenen Zeiten von ſich ſelbſt verſchieden iſt.

Wenn wir uns Shakeſpear und Newton in den glücklichen Stunden vorſtellen, in welchen die Anſtrengung der Organen der Einbildungskraft, und des Verſtandes einer Fieberhitze gleich kam, in den Augenblicken, wo

jener

jener entfernte Gegenstände durch die gespann-
te Phantasie lebhafter wahrnahm, als andre
Menschen sie mit ihren leiblichen Augen sehen,
und die kleinsten Bewegungen der geheimsten
Fibern unsers Herzens mit eben dem Geiste
durchdrang, womit dieser die innersten Triebfedern der ihm sich offenbahrenden Natur entdeckte: — und dann wiederum eben diese
Göttergleichen Männer uns in dem Todesschlummer einer tiefen Ohnmacht, oder der
paralytischen Betäubung eines traumlosen
Schlafes denken; so müssen wir nothwendig über
den wunderbaren Bau, und die unergründ-
liche Zusammensetzung des geheimnißvollen
Geschöpfes, des Menschen, erstaunen, der in
dem kurzen Raume weniger Augenblicke bald
ganze Welten umfaßt, und bald nicht einmal
den kleinen Fleck wahrnimmt, den sein erstar-
render, oder aufgelöster Körper drükt.

Im Menschen sind nur wenige, oder gar
keine Organen, die ein nie ruhendes Principium von Selbstbewegung in unaufhörlicher
Thätigkeit unterhielte; wenige Kräfte, und
Triebfedern, die, ohne Erschöpfung zu leiden, niemals aufhörten gespannt zu seyn:
wenigstens sind diejenigen Werkzeuge, woburch
wir

wir empfinden, und durch deren Vermittelung
wir denken, in einem steten Uebergange von
Arbeit zur Ruhe, und von der Ruhe zur Arbeit: sie verlieren während der Anstrengung
immer mehr Theile und Kräfte, als sie ersetzt
erhalten, und brauchen daher nothwendig Augenblicke der Ruhe, um ergänzt, oder ersetzt zu
werden. Nerven, die stets empfänden, würden bald gefühllos werden, und Fibern, die
eine ununterbrochene Meditation stets gespannt
erhielte, würden bald anfangen, ihre Dienste
zu versagen. Der größte Geist muß sich daher durch einen Zustand von Gefühllosigkeit,
und Nichtdenken zur Fähigkeit lebhaft zu empfinden, und glücklich zu denken vorbereiten,
und zu gewissen Zeiten in den Zustand einer
Pflanze oder eines Embryo zurückkehren, wenn
er nachher der Vorzüge des Menschen im vollen Maaße genießen will.

Alle Menschen ohne Ausnahme (und was
vom Menschen gilt, gilt wahrscheinlich von
allen übrigen Thieren) fallen daher nach den
weisen Einrichtungen der nicht blos schaffenden,
sondern auch erhaltenden Natur, in solche Zustände, in welchen alle äusere und innere Sinne ruhen, und die unmittelbaren Werkzeuge

der

der Seele ihre angewiesene Geschäfte aus-
setzen: in Zustände, in welchen wir durch keinen äusern Sinn solche Eindrücke erhalten,
deren Gegenwart wir wahrnähmen, keine
Seelenkraft auf eine so merkliche Art äusern,
daß wir uns ihrer Wirksamkeit bewußt würden; wo der ganze Mensch also weder empfindet, noch erinnert, weder Begriffe abzieht,
noch verbindet, weder verlangt, noch verabscheut, wo er endlich nicht weiß, daß er ist
und war: und weder sich selbst, noch die ihn
umgebende Gegenstände, oder die ehemals mit
ihm vorgegangenen Veränderungen kennt.

Diesen Zustand nennt man den Verlust,
oder die gänzliche Beraubung des Bewußtseyn unserer selbst: er kann so wenig für den
Menschen, als irgend ein andres denkendes
Wesen ein gewöhnlicher Zustand, sondern nur
ein Zustand der Erholung seyn. Je mehr
der Mensch bey zunehmender Cultur die Empfindlichkeit der Nerven erhöht, je öfterer,
und besser er seine Kräfte anspannt und entwickelt; desto seltener versinkt er in diesen dem
Tode, oder der gänzlichen Auflösung unsers
Körpers am meisten verwandten Zustand.
Der aufgeklärte, tiefdenkende Gesellschafter,
der

ser die sichtbaren Theile seines Körpers zu sel-
ten und wenig, und die unsichtbaren hingegen
zu häufig und unmäßig braucht, dessen Empfindlichkeit also vorzüglich aus Nervenschwä-
che entsteht, kommt meistens, so lange er
gesund ist, dem beschriebenen Zustande nur in
unendlichen, oder wenigstens unbestimmlichen
Annäherungen entgegen, ohne wirklich in ihn
über zu gehen. Unser Schlaf ist gewöhnlich
nur leichter Schlummer, den die schwächsten
von außen her kommende Eindrücke vertreiben
können, oder der auch, wenn er recht tief ist,
weniger durch die Ruhe der äußern Sinne, als
durch die außerordentliche Lebhaftigkeit der
innern Seelenorganen erzeugt wird. Unter
den edlen Ständen unserer Gesellschaften finden sich nur sehr wenige Personen, die des
Glücks eines traumlosen Schlafs genössen;
gewöhnlich arbeitet, wenn unsere äußere Sinne, auch gegen uns bemerkbare, Eindrücke
der sie umgebenden Gegenstände, verschlossen
sind, die Phantasie, oder irgend eine andere
Seelenkraft, und meistens um desto heftiger,
je mehr die Gefühllosigkeit der, an der Oberfläche des Körpers liegenden Nerven zunimmt.
Viel häufiger und länger sinken Kinder, Wilde

und

und Wilden ähnliche Mitglieder bürgerlicher
Gesellschaften in die heilsame Vergessenheit ihrer selbst, ihres gegenwärtigen und vergangenen Zustandes, während welcher die Natur im
stillen, und ohne unser Zuthun zur Erhaltung
oder Stärkung des ganzen Individuums beschäftiget ist.

Aus diesem gänzlichen Nichtbewußtseyn,
erwacht der Mensch zu einem Zustande, in
dem man unbeschreiblich viele Grade wahrnimmt. Man kann diese steigenden und fallenden Grade des Wachens so wenig als in
andern Fällen, wo etwas auf eine unmerkli-
che Art ab und zunimmt, aufzählen, und durch
bestimmte Ausdrücke von einander unterscheiden; unterdessen lassen sich doch die sehr merklichen Abweichungen des Zustandes, den wir
Wachen nennen, wahrnehmen, und durch
Wörter, die in unserer Sprache vorräthig,
aber nicht gnug bestimmt waren, fixiren.

Wenn wir entweder durch einen, oder
mehrere äusere Sinnen einen oder mehrere
Eindrücke zu gleicher Zeit erhalten, die so be-
schaffen sind, daß wir selbst ihre Gegenwart
wahrnehmen; — oder, wenn wir eine oder
mehrere unserer Seelenkräfte auf eine uns
selbst

selbst so merkliche Art üben, daß wir selbst
wissen, daß wir thätig sind: wenn wir also
die Ueberbleibsel ehemaliger Eindrücke, die
man Ideen, Begriffe, Vorstellungen, Bilder,
nennt, zurückrufen, unter einander verbinden, und allgemein machen; nach ihnen, oder
gegenwärtigen Eindrücken, Gegenstände suchen, oder fliehen, und dies alles auf eine solche Art verrichten, daß wir uns der Aeuse-
rungen unserer Kräfte bewußt sind; so kann
man in einem jeden dieser Fälle sagen, daß
wir uns im Zustande der Apperception, der Anerkennung befinden, und daß wir einige Veränderungen unserer Organen, und einiger Wirkungen unserer Kräfte appercipiren, anerken-
nen, uns ihrer bewußt sind.

Sehr oft können gewisse Veränderungen
unserer sinnlichen Werkzeuge, gewisse Aeuserun-
gen unserer Kräfte uns so innigst und ganz beschäftigen, unsere Aufmerksamkeit in einem so
auserordentlichen Grade auf sich ziehen, daß
wir uns zwar beyder bewußt sind, aber nicht
daran denken, oder uns darauf besinnen, daß
wir es sind, die wir durch unsere Sinne leiden, oder durch unsere Kräfte thätig sind.

Die

Die hellste Apperception der in uns vor=
gehenden Veränderungen findet dann und
wann ohne ein klares Bewußtseyn unseres Da=
seyns, ohne das lebhafte Gefühl unser selbst
(conscientia sui ipsius) statt, das wir nur
alsdenn haben, wenn wir nicht blos auf eine
uns selbst bewußte Art denken und handeln,
sondern auch wissen, daß wir es sind, die
leiden und handeln, daß unsere Sinne es sind,
die Veränderungen leiden, und unsere Kräfte,
die Wirkungen hervorbringen.    Wenn also
mit Apperception das Bewußtseyn unsers Da=
seyns verbunden seyn soll; so müssen wir die
klaren, anerkannten Veränderungen unserèr
Sinne von den Sinnen selbst, die klaren Vor=
stellungen, von deu Kräften, die sich mit ih=
nen beschäftigen, unterscheiden, und zugleich
wahrnehmen, daß die erschütterten Sinne, un=
sere Sinne, daß die thätigen Kräfte unsere
Kräfte sind.

Ungeachtet wir aber bey vielen sinnlichen
Eindrücken und Vorstellungen, deren Gegen=
wart wir uns bewußt sind, uns selbst und un=
ser Daseyn nicht klar erkennen, und nicht da=
ran denken, daß unsere Sinne jetzt erschüt=
tert, unsere Kräfte geübt werden; so ver=
schwindet

ſchwindet doch in beyden Fällen, das Gefühl
unſers Daſeyns niemals gänzlich, ſondern alle
uns bemerkbare Senſationen, und klare Begriffe ſind ſtets mit einem dunkeln Bewußtſeyn unſerer ſelbſt verbunden. So gar in den
Augenblicken der tiefſten Meditation, wenn
wir uns ſelbſt am meiſten vergeſſen, und am
wenigſten daran denken, daß wir es ſind, die
jetzt leiden oder handeln, ſchreiben wir doch
niemals die klaren Eindrücke und Vorſtellungen, die uns beſchäftigen, andern Perſonen
zu. Alle Handlungen, die wir in ſolchen Entfernungen von uns ſelbſt vornehmen, zeugen, daß wir uns, wenigſtens auf eine dunkle Art, bewußt ſind, daß die Eindrücke, die
wir wahrnehmen, von unſern Sinnen empfangen, und die Wirkungen unſerer Kräfte
von uns ſelbſt hervorgebracht werden.

Die Anerkennung klarer Eindrücke und
Begriffe kann nur alsdann von dem klaren
Gefühl unſers Daſeyns getrennt ſeyn, wenn
weder die Bewegungen unſerer Sinne, noch die
Thätigkeit unſerer Seelenkräfte mit Vergnügen, oder Schmerz verbunden ſind. So bald
aber Veränderungen, die in uns vorgehen,
mit merklichen Graden von Luſt, oder Unluſt
beglei-

begleitet sind; so ist Wahrnehmung unzertrennlich mit dem Gefühl unsers Daseyns, Apperceptio, mit Conscientia sui ipsius verbunden. Eben die angenehmen, und unangenehmen Empfindungen nehmlich, die die anerkannten Eindrücke und Vorstellungen mit sich führen, werfen uns nothwendig auf uns selbst zurück, machen uns nothwendig fühlen, daß unsere Sinne bewegt, und unsere Kräfte geübt werden, daß wir es sind, welche leiden, oder handeln.

So wohl in der Anerkennung der in uns vorgehenden Veränderungen, als in dem Gefühl unsers Daseyns finden unendlich viele Grade statt. Sowohl unsere Sinne, als unsere Kräfte sind unbestimmlich vieler Anstrengungen fähig, die wir alle wahrnehmen, aber nicht gleich klar und lebhaft appercipiren. Mit der Stärke und Schwäche der sinnlichen Eindrücke, und der Wirksamkeit unserer Kräfte steigt und fällt die Apperception, wie das Gefühl unsers Daseyns mit der Lebhaftigkeit des Schmerzes und Vergnügens ab, oder zunimmt. Auch hier gränzen die entgegen gesetztesten Zustände sehr nahe an einander. Die heftigsten Erschütterungen unserer Sinne, und die

die höchste Wirksamkeit unserer Kräfte, die wir mit der klarsten lebhaftesten Anerkennung wahrnehmen, erzeugen Erschöpfung, und endigen sich in einem Schwindel, der uns von dem, was in uns vorgeht, nichts klar und deutlich unterscheiden läßt. Entzückende Vergnügungen, oder convulsivische Schmerzen, die uns unser Daseyn, und uns selbst am meisten empfinden ließen, stürzen, wenn sie um wenige Graden verstärkt werden, in eine gänzliche Gefühllosigkeit, in das Nichtbewußtseyn unserer selbst, und unsers Daseyns.

So wenig Apperception ohne alle äusere, und innere Veränderungen, die wahrgenommen werden können, statt findet; so wenig können wir ein Gefühl unsers Daseyns haben, wenn nicht unsere Sinne, oder Seelen Organen auf eine uns selbst bemerkbare Art leiden, oder thätig sind. Selbstbewußtseyn, und Gefühl unserer Existenz hört auf, wenn Sinne und Kräfte ganz ruhen, oder wann dies nicht möglich ist, so verändert werden, und wirken, daß wir ihre Eindrücke und Wirkungen nicht wahrnehmen.

Das klare Gefühl unser selbst, kann ohne Gedächtniß, oder die Erhaltung der in uns vorge-

vorgegangenen Veränderungen statt finden. Wir könnten in jedem nachfolgenden Augenblicke vergessen, daß wir in den vorhergehenden unsere Sinne und Kräfte geübt haben, und doch bey einem jeden wiederkommenden Eindrucke, oder einer neuen Aeuserung unserer Kräfte, uns selbst, und unser Daseyn fühlen.

Wenn blos empfindende Geschöpfe zu gewissen Zeiten stärkere Eindrücke erhalten, mehr Vergnügen und Schmerz empfinden können, als denkende, und wenn unvollkommnere denkende Wesen zu gewissen Zeiten mehr Kräfte ausüben, und thätiger seyn können, als die vollkommensten Geister derselbigen Art; so ist kein Zweifel, daß nicht eine Auster und ein Hurone ihr Daseyn bisweilen lebhafter fühlen können, als der edelste und vollkommenste unter den Menschen das seinige fühlt.

Wir können sehr lebhafte sinnliche Eindrücke und klare Vorstellungen haben, und durch beyde uns unser selbst und unsers Daseyns bewußt seyn, und dem ohngeachtet nicht klar wissen, wo wir uns befinden, mit welchen Gegenständen wir umgeben sind, in was für Verhältnissen wir zu ihnen, und sie zu zu uns stehen, und was für einen Platz wir mit unserm Körper in dem Universo einnehmen. Diesen Zustand des Menschen nennt man, das Nichtbewußtseyn seines äusern Zustandes.

Der Mensch kann auf mancherley Arten, sowohl wenn er gesund, als wenn er krank ist, sowohl wachend, als schlafend in den beschriebenen Zustand gerathen. In den ersten Augenblicken des Erwachens, in lebhaften Träumen, Reverien, tiefen Meditationen, endlich während der Zerrüttungen unserer Natur, die wir Wahnsinn, Unsinn, Raserey nennen, können Menschen die lebhaftesten Eindrücke und Vorstellungen haben, durch beyde sich ihres Daseyns bewußt seyn, und doch ihre Lage sowohl, als die sie umringenden Objecte entweder nur sehr dunkel, oder wohl gar ganz unrichtig erkennen. In Reverien und Meditationen erkennen wir uns nicht mit Bewußtseyn in dem äusern Zustande, worinn wir uns wirklich befinden: in Träumen und Anfällen von Rasereyen hingegen sind Menschen sich der Lage, worinnen sie sind, nicht nur nicht bewußt, sondern glauben auch sehr oft, einen ganz andern Platz in der Welt einzunehmen,

und

und von andern Gegenständen umgeben zu seyn, als wovon ihre verwüsteten Sinne wirklich erschüttert werden.

Wenn Menschen wachend im Zustande heller Vorstellungen, und bey dem klaren Gefühle ihres Daseyns, das Bewußtseyn ihres äusern Zustandes verlieren und so handeln, als wenn sie in andern Lagen, Orten, und in der Gesellschaft anderer Gegenstände wären, als worinn sie sich wirklich befinden; so nennt man eine solche Disposition Zerstreuung. Thiere sind viel seltner zerstreut, als Menschen, und dann einfältige Menschen viel weniger als solche, die sich mit der Bearbeitung allgemeiner Begriffe, und mit den Vorstellungen abwesender Gegenstände beschäftigen. Jene Erstern finden sich gewöhnlich nur alsdann im Zustande klarer Vorstellungen, wenn sie von gegenwärtigen Gegenständen heftige Eindrücke erhalten: und eben diese heftige Eindrücke ziehen ihre Aufmerksamkeit auf die Dinge auser ihnen, wodurch sie hervorgebracht werden. Bey solchen Menschen hingegen, die zum Denken gewöhnt sind, werden die Bewegungen der innern Organen oft heftiger, als die Erschütterungen der äusern sinnlichen Werk-

Werkzeuge: Die Vorstellungen abwesender Gegenstände werden klärer, als die gleichzeitigen sinnlichen Eindrücke: sie ziehen sich daher von den äusern Gegenständen zurück, senken sich in sich selbst, und beschäftigen sich fast ganz allein mit den in dem Innersten des Gehirns vorgehenden Veränderungen.

Unterdessen ist eine jede Zerstreuung kein Beweis vom Tiefsinn, oder von einer mit Willkühr unternommenen anstrengenden Betrachtung wichtiger Wahrheiten. Wenn alles um uns her in einer schweigenden Stille ist, und keiner unserer Sinne irgend einen Eindruck erhält, der unsere Aufmerksamkeit beschäftigen könnte: oder wenn das, was wir hören und sehen, uns zu wenig interessirt; so kann die geringfügigste Kleinigkeit, die Berechnung einer kleinen Ausgabe, die Wahl eines Kleides, das Suchen eines einzigen Worts uns eben so sehr zerstreut machen, als sonst die Auflösung des räzelhaftesten Problems nicht gethan haben würde. Sehr oft entstehen häufige wiederkehrende Zerstreuungen aus einer gar nicht wünschenswerthen Unvollkommenheit unserer Organisation, oder der ursprünglichen Einrichtung unserer empfindli-

Mein. Schr. 2 B.      B      chen

chen Theile. Perſonen deren äuſere Sinne
alle, oder doch größten Theils wenig empfind-
lich ſind, die aber gewiſſe innere Organen von
einer übermäßigen Beweglichkeit beſitzen, müſſen nothwendig durch den Bau ihrer Fibern
ſehr oft zerſtreuet ſeyn, weil ihre äuſere Sinne nicht anders, als durch heftige Stöße er-
ſchüttert, ihre innern Organen hingegen durch
die leichteſten Veranlaſſungen bewegt werden
können. Bey einigen Wahnſinnigen äuſert
ſich die Seelen-Krankheit faſt allein nur in einer anhaltenden Zerſtreuung: ſie nehmen an
den äuſern Gegenſtänden keinen Theil, weil
ſie ihren erſtorbenen Sinnen weder Vergnügen
noch Schmertz verſchaffen, und ſind ſtets mit
gewiſſen Vorſtellungen abweſender Gegenſtände beſchäftiget; deren Vehikel durch Krankheit in faſt nie aufhörenden Vibrationen erhalten werden.

Es kann in gewiſſen Umſtänden eben ſo
viel Stärke der Seele dazu erfordert werden,
ſich in dem Bewußtſeyn ſeines äuſern Zuſtandes zu erhalten, oder nicht zerſtreut zu ſeyn,
als in andern Fällen dazu gehört, ſeine Aufmerkſamkeit von den uns umgebenden Gegenſtänden abzuziehen, um den von uns ſelbſt ge-
wähl-

wählten Betrachtungen desto eifriger, und
durch sinnliche Eindrücke ungestöhret, nach-
hängen zu können. Wenn jemand bey dem
Verlust einer innigst geliebten Person, oder
der Nachricht eines ausserordentlichen Unglücks
nicht ganz in seinem Kummer versinkt, nicht
gleich einen Eckel an den ihn umgebenden Gegenständen erhält, und eben deswegen nicht
alle Theilnehmung an denselben verliert: so
zeugt dies zuverläßig von einer kraftvollen
Seele, die durch bewährte, stets lebendig er-
haltene Grundsätze bewaffnet ist; und durch
sie sinnliche Eindrücke besiegt, die in gewöhnlichen Menschen unüberwindliche Zerstreuungen
nach sich ziehen. Auf der andern Seite gehört
eben so viel Energie der innern Organe, und
eine eben so anhaltende Uebung dazu, sich der
Herrschaft heftiger, von interessanten Objecten
in uns hervorgebrachter, Impressionen allmählig zu entziehen, und mit Vorsatz, das
Bewußtseyn unsers äusern Zustandes zu ver-
tilgen, um eine von uns selbst gewählte Untersuchung mit gesammleter Aufmerksamkeit vol-
lenden zu können. Dies Zurückziehen in sich
selbst ist um desto verdienstlicher, je heftiger
die Eindrücke äuserer uns sonst nicht gleichgül-

tiges

tiger Gegenſtände zu der Zeit waren, als wir uns ganz zu ſammlen, den Vorſatz faßten: ſie iſt um deſto ſtärker, je ſtärkere Impreſſionen dazu gehören, uns zum Bewußtſeyn unſers äuſern Zuſtandes zurück zu rufen. Die größten Philoſophen der alten und neuern Zeit, ſelbſt Archimedes, wurden in der Fähigkeit, das Bewußtſeyn des äuſern Zuſtandes auszulöſchen, von allen Schwärmern in allen Religionen, am meiſten von den Jongleurs wilder Völker beſchämt, die, unbegreiflich durch welche Mittel, ihre Sinne ſo tödten, und ihre Einbildungskraft ſo erhitzen können, daß ſie epileptiſchen, oder verſtorbenen Leichnamen gleichen, die ſchrecklichſten Verletzungen ihres Körpers gar nicht empfinden, und nach ſtundenlangen Entfernungen von der Wahrnehmung der äuſern Gegenſtände endlich mit der Ermattung einer tödlichen Ohnmacht erwachen.

Das Vermögen, bey heftigen Bewegungen der innern Organen ſich in dem Bewußtſeyn des äuſern Zuſtandes zu erhalten, und die Fähigkeit, mit Vorſatz eben dies Bewußtſeyn des äuſern Zuſtandes allmählig zu verlieren, ſind in denſelbigen Perſonen nicht immer

mer

mer in gleichem Grade beyfammen. Ich ha=
be vortrefliche Männer gekannt, die unter
dem heftigsten Geräusche anfangen, und fort=
fahren konnten, zu meditiren; die aber ihre
Meditation nicht abzubrechen, und auszu=
setzen im Stande waren, wann und wo sie woll=
ten. Die einmahl wirksam gewordene Fibern
setzten ihre Schwingungen noch immer fort,
wenn sie gerne ruhig hätten essen, schlafen,
oder mit ihren Freunden sich unterhalten mö=
gen. Diese Personen konnten also fast immer,
wenn es ihnen beliebte, das Bewußtseyn ih=
rer Lage, ihres gegenwärtigen Zustandes aus=
löschen; allein sie konnten es nicht allemahl,
wenn sie wollten, wieder erhalten. Sie ver=
lieren viel gegen solche Menschen, die entwe=
der durch die Vortheile ihrer Organisation,
oder durch anhaltende Uebungen, eine solche
Gewalt über sich erhalten haben, daß sie von
einer unterbrochenen Meditation über den er=
habensten Gegenstand keine merkliche Spuren
der Zerstreuung an sich tragen, und sich gleich
mit vieler Theilnehmung über kleine Stadt=
neuigkeiten unterhalten können, wenn sie
kurz vorher die innersten Winkel ihres Herzens
mit der größten Anstrengung untersucht hatten.

Wenn

Wenn wir die bisherigen Erfahrungen zusammen nehmen; so scheinen folgende Säße durch sie auser Zweifel geseßt zu seyn. Es können in unsern äusern und innern Organen sehr viele Veränderungen vorgehen, ohne daß wir sie wahrnehmen, oder uns ihrer bewußt sind. Klare sinnliche Eindrücke, und Vorstellungen, die wir appercipiren, können wiedrum, ohne ein deutliches reflectirtes Bewußtseyn unser selbst, und unsers Daseyn statt finden. Endlich können wir uns der in uns vorgehenden Veränderungen, und unsers Daseyns bewußt seyn, ohne unsere gegenwärtige Lage, und die uns umgebenden Gegenstände deutlich wahrzunehmen.

Von allen bisherigen innern Gefühlen ist dasjenige verschieden, was man das Gefühl unsers Ichs, unserer Persönlichkeit, (Personalität) endlich das Gefühl der Identität, oder der Einerleyheit unserer Person nennt. Durch alle diese Ausdrücke hat man zwo Modificationen unsers inneren Sinns bezeichnet, die, einer genauern Beobachtung zu Folge, von einander unterschieden werden müssen.

Gefühl unsers Ichs, oder der Persönlichkeit, nennt man erstlich das gleichzeitige Gefühl mehrer in demselben Augenblicke entweder in den äusern Sinnen, oder den innersten Organen des Gehirns vorgehenden Veränderungen.

Wir können nicht nur durch mehrere äusere Sinne, sondern auch durch einen, und eben denselben, in derselbigen Zeit von einem, oder mehrern Gegenständen, eine Menge von Eindrücken erhalten, deren Gegenwart wir uns bewußt sind. Auf eine ähnliche Art können mehrere von den Gehirnfibern, die die Niederlage ehemahls erhaltener Eindrücke, oder der Vorstellungen abwesender Gegenstände sind, zu gleicher Zeit bewegt werden, und durch ihre Bewegungen eine große Anzahl klarer Begriffe erzeugen. Das Etwas nun, was alle diese gleichzeitigen sinnliche Eindrücke, oder innere Bewegungen einzeln, unvermischt, und doch klar, mit Bewußtseyn wahrnimmt, oder sieht, nennt man das Ich, oder die Person; so wie man das der Zeit nach ungetrennte Gefühl mehrer äuserer oder innerer Eindrücke, oder beyder zugleich, das Gefühl unsers Ichs oder unserer Persönlichkeit nennt.

B 4

Alle

Alle, oder doch der größte Theil der Philosophen, die das Gefühl der Personalität in der angegebenen Bedeutung genommen haben, glauben, daß aufer den verschiedenen äufern sowohl, als innern Organen, die zu gleicher Zeit erschüttert werden, noch ein gewisses Wesen seyn müsse, das alle gleichzeitigen Eindrücke und Bewegungen in sich vereinige, und, als in sich existirend, fühle; daß dieses Wesen nichts anders, als einfach, und unzusammen gesetzt seyn könne, weil das innere Gefühl mehrer in uns vorgehenden gleichzeitigen Veränderungen ungetrennt, und eins sey. Man schloß aus der unzertrennlichen Einheit des Gefühls, oder Bewußtseyns mehrer gleichzeitiger Impressionen auf die Einfachheit des wahrnehmenden Wesens des Ichs, oder der Person.

Allein, meinen Erfahrungen nach, hat man das, was in uns vorgeht, wenn wir mehrere gleichzeitige Eindrücke, und Vorstellungen in demselben Momente wahrnehmen, nicht genau beobachtet, uns aus unrichtigen Beobachtungen unbegreifliche, oder doch sehr schwer zu fassende Sätze gezogen. Bey einer Menge sinnlicher Eindrücke, die wir durch einen,

einen, oder mehrere unſerer äuſern Sinne erhalten, fühlen wir, ſind wir uns offenbar
bewußt, daß ſie nicht in denſelbigen empfind-
lichen Theilen entſtehen, oder ihren Sitz haben: wo aber dieſe gleichzeitigen an mehrern
Seiten unſers Nervenſyſtems erregte Impreſſionen ſich endigen: ob ſie in einer, oder mehrern Fibern, oder nur in einem unzertrennba-
ren Theilchen einer Fiber zuſammenlaufen,
darüber ſagt mir, wenigſtens mein inneres
Gefühl ganz und gar nichts.

Eben ſo wenig fühlen wir bey mehrern
gleichzeitigen Vorſtellungen, die nicht durch
gegenwärtig in unſere Sinne wirkende Gegenſtände erregt werden, den Sitz, oder die Beſchaffenheit des in uns wahrnehmenden We-
ſens. Wir können an mehrere abweſende Gegenſtände zu gleicher Zeit denken, ohne durch
die angeſtrengteſte Aufmerkſamkeit, oder innere Beobachtung zu erfahren, in welcher,
oder welchen Gegenden wir denken, durch welchen, oder welche Theile wir uns entfernte
Objecte vorſtellen. Ich fühle wenigſtens niemals, daß das, was in mir mehrere klare
Begriffe zu gleicher Zeit hat, an einem un-
B 5 verän-

veränderlichen Orte wohne, und eine einfa=
che unzusammengesetzte Substanz sey.

Das klare Gefühl, oder Bewußtseyn meh=
rer zu gleicher Zeit in uns entstehender Bewe=
gungen ist auch niemals eins, sondern nur
gleichzeitig: nicht unzertrennt dem Orte, son=
dern der Zeit nach. Wir fühlen, daß diese
mehrere Bewegungen nicht in mehrern ganz
von einander getrennten Wesen, sondern in
einer zu einem (nicht einfachen) Ganzen ver=
bundenen Substanz vorgehen.

Ich sehe auch nicht, warum man die
gleichzeitige Wahrnehmung mehrer Verände=
rungen eher in einer einfachen, als in mehrern
zusammengesetzten Theilen einer verbundenen
Substanz begreiflich findet. Wir wissen es
durch die Erfahrung, daß die Nerven unsrer
äusern Sinne mehrere Impressionen zu glei=
cher Zeit erhalten können: man kann daher
als wahrscheinlich vermuthen, daß die ihnen
ähnliche Organen des Gehirns, in denen die
Reste sinnlicher Eindrücke aufbewahret wer=
den, durch ihre gleichzeitige Bewegungen
mehrere Vorstellungen in demselbigen Augen=
blicke hervorbringen können. Allein, wie in
einem

einem durchaus einfachen Wesen mehr als eine
klare Perception zur selbigen Zeit seyn, oder
mehrere ohne sich einander zu zerstören statt
finden können, das läßt sich kaum denken:
für meine Kräfte ist der Gedanke wenigstens
zu kühn.

Auser dieser ersten Bedeutung des Gefühls unsers Ichs unserer Person, wo es die
Wahrnehmung mehrer gleichzeitigen in einer
Substanz coexistirenden Eindrücke anzeigt,
wird es noch in einem ganz andern Verstande
genommen, worüber ich gleichfalls meine Erfahrungen, und die aus diesen abgeleitete
Betrachtungen mittheilen will.

In dieser zwoten Bedeutung heißt Gefühl
unserer Personalität so viel, als das innere
Gefühl, was in uns entsteht, wenn wir gegenwärtige Eindrücke, die wir durch die Einwirkungen äuserer Körper erhalten, Begriffe
und Sätze, die wie jetzt abgezogen haben,
oder verbinden, Handlungen, die wir jetzt
ausüben, mit den Eindrücken, Begriffen,
Sätzen, Handlungen, die wir ehemals gehabt, und ausgeübt haben, vergleichen, und
uns durch diese Vergleichung überzeugen, daß
wir, die wird jetzt empfinden, denken, handeln,

deln, sind, ehemals empfunden, gedacht, ge=
handelt, und existirt haben: kurz das aus
der Vergleichung unsers gegenwärtigen und
vergangenen Zustandes entstehende Gefühl,
daß wir, die wir jetzt sind, auch ehemals
waren.

Wir erhalten in einem jeden Augenblicke
unsers Daseyns durch unsere äusere Sinne
unendlich viele Eindrücke, die keine Zunge
auszusprechen, und keine Einbildungskraft zu
fassen vermag. An der ganzen Oberfläche
unsers Körpers ist kein Theilchen so klein, das
nicht von einem andern Körper stets berührt,
und erschüttert würde. Diese zahllosen, dun=
keln, von uns nicht wahrgenommene Ein=
drücke theilen sich den Fibern des Gehirns mit,
und versetzen alle unsere Empfindungs Werk=
zeuge in stete, aber leise Schwingungen, die
sich nicht bis zum Bewußtseyn aufklären.
Man kann daher mit Zuverläßigkeit behaup=
ten, daß während, daß wir als ein lebendes
Ganzes fortdauren, kein einziger empfinden=
der Theil unserer Substanz in den Zustande ei=
ner völligen Ruhe sey, wo er gar nicht litte,
und wirkte, und keine Veränderungen von
andern Gegenständen erhielte, oder ihnen mit=
theil=

theilte. — Aus dieser unbeschreiblichen Menge dunkler Begriffe, und Impressionen, die in jedem Augenblicke in uns coexistiren, erheben sich während des größten Zeitraums unsers Lebens immer nur einige wenige hervor, die so stark werden, daß wir ihre Gegenwart wahrnehmen, oder sie appercipiren. Diese klaren Empfindungen, und Vorstellungen, deren wir uns in demselbigen Augenblicke bewußt sind, verhalten sich zu den gleichzeitigen dunkeln, wie eine kleine endliche Zahl, zu einer unendlichen. Die Menge klarer Eindrücke, und Begriffe, die zu gleicher Zeit ohne Verwirrung gefaßt werden können, ist nach der bald vortheilhaften, bald unglücklichen Organisation verschiedener Menschen, sehr verschieden, aber in den vielfassendsten Genies doch immer sehr eingeschränkt.

Von diesen klaren Eindrücken, und Begriffen nun, die wir in den auf einander folgenden Augenblicken unsers Lebens erhalten, und abziehen, wird der allergrößte Theil nach einem kurzen Zeitraum so sehr verdunkelt und ausgelöscht, daß wir sie niemals zurückzurufen, und selbst alsdann, wenn sie sich von neuen darbiethen, nicht wieder zu erkennen,

im

im Stande ſind. Wann wir das, was wir
in gewiſſen Zeitpuncten unſeres Lebens mit
Bewußtſeyn empfunden, gedacht und gehandelt haben; genau mit demjenigen vergleichen
könnten, was uns davon nach einem Zwi-
ſchenraum von mehrern Jahren noch erinner-
lich iſt; ſo würden wir vielleicht finden, daß
die Eindrücke, die wir aus der vergangenen
Zeit erhalten haben, von den verlohren ge-
gangenen kaum den hunderttauſenden Theil
ausmachen. Wir ſchlagen den großen Verluſt, den wir unaufhörlich an ehemals klaren
Eindrücken leiden, nicht ſo hoch an, als er
angeſchlagen werden ſollte, weil das Ver-
ſchwinden derſelben unbemerkt, und ohne unſer Bewußtſeyn geſchieht, und wir alsdenn,
wenn wir erſt etwas vergeſſen haben, nicht
mehr nachrechnen können, wie viel wir ehemals gewußt haben. Um aber in einzeln
Fällen ſich zu überzeugen, wie ſehr klein die
Anzahl deſſen, was man behält, gegen das
iſt, was man vergißt, darf man nur die
Probe mit mehrern Büchern machen, die man
vor langer Zeit geleſen hat, und ſich ſelbſt
unterſuchen, wie viel von der ehemaligen
Lectur zurück geblieben iſt; oder man kann
auch

auch ein Jahr seines eigenen Lebens nehmen,
das von dem gegenwärtigen Alter, durch zehn,
oder noch mehrere getrennt ist. Man wird
erstaunen, daß die klaren Erinnerungen aller
Gedanken, Empfindungen und Handlungen,
die wir aus einem solchen bestimmten Zeitraume
zurückrufen können, nicht einmal den klaren
Empfindungen, Gedanken und Handlungen
gleich kommen, die wir an einem einzigen Tage
eines solchen Jahrs gehabt und ausgeübt haben.

Ungeachtet aber von den Eindrücken, deren wir uns ehemals bewußt waren, die
meisten nach einer gewissen Zeit wieder verlohren gehen; so wird doch allmählich in unserm
Gedächtnisse eine ungeheure Menge von Eindrücken aufgehäuft, die wir nicht alle auf einmal übersehen, eben deswegen nicht aufzählen, aber doch bey gewissen Veranlassungen
zurückrufen, und alsdann wieder erkennen
können. Wenn ein höhers Wesen nach dem
Modell des Gehirns eines Leibnitzens, oder
Baylens, die nicht bloß das, was sie selbst
empfunden, gedacht, und von ihren Zeitge-
nossen gehört hatten, sondern den größten
Theil der Erfahrungen, und Begriffe aller
vorhergehenden Zeitalter in ihrem Gedächtniß

nie-

niebergelegt hatten, alle darin vorräthige le-
bendige Spuren hätte realisiren; alle Abrisse
von Dingen hätte wirklich machen wollen; so
würde daraus ein vielleicht nicht zum Besten
geordnetes, aber gewiß ein sehr verwickel-
tes und zusammengesetztes Weltsystem entstanden sey.

Sobald unser Gehirn aber eine nur mäs-
sige Anzahl dauerhafter Impressionen erhalten
hat; so muß eine jede neue hinzu kommende
gegenwärtige Sensation, ein jeder neuer Begriff, den wir jetzt zum erstenmale selbst bilden, oder von andern empfangen, nothwendig eine, oder mehrere von den ehemals erhaltenen, und in unserm Gedächtnisse aufbewahrten Eindrücken, oder Begriffen aufwecken, oder sich damit verbinden.

Daß in einem jeden Menschen, der Gedächtniß hat, kein einziger neuer Eindruck,
oder Begriff sich ganz isolirt den Gehirnfibern,
so einverleiben könne, daß er keinen einzigen
der schon vorhandenen aufweckte, oder sich
mit keinem associirte, davon wird sich ein jeder leicht überzeugen, der alle die Umstände
überlegt, unter welchen allein ein solcher Fall
                                                        möglich

möglich wäre.    Wenn ein solcher Fall ein-
treten sollte; so müßte in dem Augenblicke,
wo eine neue Sensation, oder Idee in uns
entsteht, keine aus der vergangenen Zeit in
unserm Kopfe gegenwärtig seyn, weil sich
sonst nach dem Gesetze der Coexistenz, die neue
mit der ehemaligen verbinden würde: —
Oder zweytens müßte die neue Sensation und
Idee mit keiner in unserm Gedächtnisse vor-
räthigen irgend eine Aehnlichkeit haben, weil
sonst der gegenwärtige Eindruck einen ehemaligen ähnlichen, nach dem zweyten Gesetze
der Association, wieder aufwecken würde:
oder endlich müßte auch die Fiber, bis zu
welcher die neue Impression, oder Vorstellung
sich fortpflanzt, und in welcher sie erhalten
werden soll, von allen übrigen Organen, oder
Vehikeln von Ideen gänzlich abgerissen seyn und
mit keinem in einer physisch nothwendigen Ver-
bindung stehen.    Wann nicht bey einem neuen
gegenwärtigen Eindruck sich alle diese Bedingungen zusammen finden; so muß nothwendig eine jede Sensation, oder Idee, die wir
jetzt erhalten, andre, die wir ehemals empfangen haben, aufwecken, oder sich mit ihnen verbinden.

Meln. Schr. 2 B,                C                Man

Man kann es daher als eine allgemeine Erfahrung, die nicht anders, als durch Wunder Ausnahmen leiden kann, ansehen, daß alle neue Bewegungen unserer äuserer und innerer Organen sich mit andern verbinden, die wir vormals gehabt haben. Wir können also niemals mit Bewustseyn empfinden, denken, handeln, ohne auf eine dunkle, oder klare Art zu fühlen, daß wir ehemals empfunden, gehandelt, und gedacht haben: niemals uns bewust seyn, daß wir sind, ohne wahrzunehmen, daß wir gewesen sind. Dieses aus der Vergleichung unsers gegenwärtigen, und vergangenen Zustandes entstehende Gefühl, daß wir nicht blos jetzt sind, sondern auch vormals gewesen sind, nennt man in der zwoten Bedeutung: Gefühl unsers Ichs, oder der Personalität, und das, was gegenwärtige Eindrücke, Begriffe, Handlungen mit ehemaligen vergleicht, und durch diese Vergleichung seines fortdaurenden, und vergangenen Daseyns bewust ist, nennt man in der zwoten Bedeutung Ich, oder Person.

Dies Gefühl der Personalität, dies Bewußtseyn, daß wir, die wir jetzt sind, auch ehemals waren, ist nicht immer gleich lebhaft.

Dan-

Dunkel ist es alsdann, wenn neue Eindrücke
oder Begriffe, die wir zum erstenmal erhalten, so interessant sind, unsere ganze Aufmerksamkeit so sehr an sich ziehen, daß wir
uns der ehemals erhaltenen, die durch sie
aufgeweckt werden, nicht deutlich bewußt
werden: klar, wenn wir so wohl die gegenwärtigen neuen, als die durch sie wieder lebendig gemachten Modificationen unserer Organen mit Bewußtseyn wahrnehmen. So
wie wir aber unser gegenwärtiges Daseyn
klar, und unser vergangenes, nur dunkel
fühlen können, so kann wiedrum das Bewußtseyn, daß wir waren, lebhafter, als
das Gefühl unsers gegenwärtigen Zustandes
werden. Neue Eindrücke und Begriffe können andre aufwecken, die vorher schliefen,
die aber, wenn sie einmal rege geworden sind,
uns stärker an sich ziehen, als die Neuen,
denen sie ihre Auferstehung zu danken hatten.
In eben dem Grade nun, in welchem jene
uns mehr reizen, und beschäfftigen als diese,
werden die letztern immer weniger klar, und
allmählig dunkel; wir kehren mit auseror-
dentlicher Theilnehmung in vergangene Sce-
nen unsers Lebens zurück, und denken nicht

mehr

mehr mit Reflexion daran, daß wir jetzt sind:
Freylich schließt das lebhafte Bewußtseyn eines vergangenen Daseyns immer nothwendig
das Bewußtseyn des gegenwärtigen in sich:
wir können nie fühlen, daß wir waren, ohne
zu fühlen, daß wir jetzt sind; unterdessen kann
jenes klar, dieses dunkel, jenes wenigstens
klärer, als dieses seyn.

Das Gefühl der Personalität kann niemals in mehrern Menschen dasselbige seyn.
Verschiedene Personen besitzen weder die äußern, noch die innern Organen in demselbigen Grade von Empfindlichkeit, oder Vollkommenheit. Sie erhalten durch beyde nicht
gleich viel, und auch nicht dieselbigen Eindrücke: sind auch durch beyde nicht gleich
wirksam. Von dem, was mehrere Menschen
leiden, und handeln, bleiben nicht dieselbigen Erinnerungen zurück; neue Gegenstände
erregen daher in ihnen nicht dieselbigen Empfindungen, und eben so wenig eine gleich
große Anzahl von vorher schlafenden Vorstellungen in demselbigen Grade der Klar-
heit. Sie können also weder ihr gegenwärtiges, noch ihr vergangenes Daseyn auf dieselbige Art fühlen: Gefühl der Personalität

muß

muß in verschiedenen Personen nothwendig
verschieden seyn.

Auch derselbige Mensch hat nicht in zween
Augenblicken seines Lebens dasselbige Gefühl
der Personalität. Wenn das Bewußtseyn,
daß wir nicht blos sind, sondern auch gewesen sind, in mehrern Zeitpuncten gar nicht
von einander verschieden seyn sollte, so müßten jedesmal unsere Eindrücke, Vorstellungen, Handlungen ganz genau, sowohl der
Zahl, als Beschaffenheit nach, dieselbigen
seyn. Daß dergleichen wenigstens in der
Welt, worinnen wir jetzt sind, nicht möglich
sey, darf, glaube ich, nicht weitläuftig bewiesen werden.

Vielweniger kann derselbige Mensch nur
ein einzigesmal auf dieselbige Art fühlen, daß
er, der jetzt ist, ehemals derselbige war.
Daß wir waren, wissen wir allein durch
übriggebliebene Erinnerungen dessen, was
wir ehemals, empfunden, gedacht, und gehandelt haben: diese Erinnerungen unserer
ehemaligen Veränderungen und Thätigkeiten
müssen mit den Empfindungen, die wir jetzt
erhalten, mit den Begriffen und Sätzen, die
C 3 wir

wir jetzt denken, mit den Handlungen, die wir jetzt ausüben, vollkommen übereinstimmend seyn, wenn wir die Einerleyheit unserer Person fühlen sollen. Alle Werkzeuge wodurch wir empfinden, denken, und handeln, müßten entweder während einer gewissen Zeit unveränderlich dieselben bleiben, oder sie müßten auch nach gewissen periodischen Veränderungen genau in eben die Disposition zurückkehren, die sie ehemals gehabt hatten.

Man kann daher nicht mit Locke*), Leibnitz, Bonnet und andern Philosophen das Gefühl der Personalität durch das Bewußtseyn erklären, daß wir, die wir jetzt sind, noch eben die Personen sind, die wir ehemals waren. Alle unsere Organen sind in einem unaufhörlichen Flusse, in einem nie ruhenden Fortgange entweder zur Verbesserung, oder Verschlimmerung. Die Gegenstände, die auf sie

*) Locke II. Ch. 27. §. 8. Leibnitz Oeuvres posthumes ib. Bonnet Preface Ch. 24. §. 705. Man sehe auch Sulzers vermischte philosophische Schriften S. 199. Platners Anthropologie S. 13. u. f. Lossius physische Ursachen des Wahren S. 163.

sie wirken, sind eben so wenig unwandelbar,
und daher können Eindrücke, Begriffe, Grundsätze und Handlungen unmöglich in demselbigen Menschen zweymal dieselbigen seyn. Wir
fühlen jeden Augenblick, daß wir waren, aber
nie, daß wir dieselbigen sind, die wir ehemals waren. Eine jede Erinnerung aus den
vergangenen Zeiten unsers Lebens, und deren
Vergleichung, mit unserm gegenwärtigen
Zustande zeigt uns, daß wir in keinem nachfolgenden Augenblicke so empfinden, und
denken, so wünschen, verabscheuen, und
handeln, als wir in allen vorhergehenden Ab-
schnitten unsers Daseyns gethan haben.
Wenn wir in unserer, oder anderer ihrer Art
zu empfinden, zu urtheilen, und zu handeln,
große Veränderungen wahrnehmen; so pflegen wir selbst zu sagen, daß wir oder andere
nicht mehr dieselbigen Personen sind. Diese
Art zu reden läßt sich, im strengsten Verstande genommen, rechtfertigen.

Das Gefühl der Personalität hängt gänzlich vom Gedächtnisse ab, hat mit ihm einerley Gränzen, Schicksale und Veränderungen.

Wir sind uns bewußt, daß wir, die wir
jetzt sind, ehemals waren, weil von dem,

was

was wir vorher gelitten und gethan haben,
Erinnerungen übrig bleiben, und sich mit
den neuen Eindrücken, und Begriffen verbinden, die uns unser gegenwärtiges Daseyn
fühlen machen. Verschwünden vor einer jeden neuen Veränderung, die mit uns vorgeht,
alle diejenigen, die wir vormals erhalten
hatten, so würde kein Gefühl der Personalität statt finden.

Wir halten uns während desjenigen Zeitraums für eine Person, aus welchem wir
Empfindungen und Begriffe zurückrufen, und
mit den gegenwärtigen verbinden können.
Diese Einheit der Person muß man nicht mit
Einerleyheit, oder Unveränderlichkeit verwech-
seln: jene findet in einer sich stets verändern-
den Substanz statt, deren auf einander folgende Veränderungen aber sich mit einander verbinden, und eine zusammenhangende Kette
ausmachen.

Wie das Gedächtniß wächst, und wieder
abnimmt, breitet sich das Gefühl der Personalität aus, und zieht sich wieder zusammen. Im Kinde ist es am eingeschränktesten,
weil dessen Organen entweder zu flüßig sind,

als

als, daß sie daurende Eindrücke aufnehmen
könnten; oder auch diejenigen Theile, auf
welche der Eindruck geschah, zu geschwind
verlieren, und durch neue ersetzt erhalten.
Kinder können daher nur durch wenige, und
wenig daurende Erinnerungen sich ihres ehemaligen Daseyns bewußt werden. Im Kna-
ben, Jünglinge und Manne nimmt sowohl
die Stärke des Gedächtnisses, als die Anzahl
der darinn aufbewahrten Impressionen zu,
und mit einem jeden dieser Alter wachsen
auch stufenweis die Veranlassungen zur Erre-
gung des Gefühls der Personalität, und das
Gefühl selbst verbreitet sich Verhältnißmäßig
über einen größern Zeitraum unsers schon genossenen Daseyns. Mit dem sinkenden Alter
wird, nach dem gewöhnlichen Lauf der Natur, die Fähigkeit, Eindrücke zu bewahren,
immer schwächer, und es geht täglich eine
große Anzahl alter Impressionen, die un-
auslöschlich schienen, entweder durch die
Schwäche, oder Verhärtung der innern Organen, verlohren: mit dieser Abnahme des
Gedächtnisses, und dem Verlust längst erwor-
bener Erfahrungen, und Kenntnisse erhält das Gefühl der Personalität immer en-

gere

gere Schranken. Schwache Greise können
zwar durch Erinnerungen aus ihrer frühesten
Kindheit fühlen, daß sie länger waren, als
andere; allein sie können nicht so oft, und
auf eine so mannichfaltige Art sich ihres vergangenen Daseyns bewußt werden, als Männer in der größten Stärke des männlichen
Alters.

Wenn durch plötzliche, heftige Krankheiten, oder durch die schleichende Krankheit des
Alters alle, oder doch ein großer Theil der
Erinnerungen, von dem, was wir empfunden, gedacht und gethan haben, verlohren
gehen; so hört entweder das Gefühl der Personalität ganz auf, oder wir sehen wenigstens
den Theil des Lebens, alle die Empfindungen,
Gedanken und Handlungen, die wir vergessen haben, nicht als unsere an. Wenn daher
zur Bestrafung und Belohnung von Handlungen Zurechnung, und zur Zurechnung das
Bewußtseyn, daß wir gewisse Handlungen
ausgeübt haben, erfordert wird; so können
Menschen weder in diesem, noch in einem andern Leben für gute und böse Thaten belohnt,
und bestraft werden, von denen sie gar nicht
wissen,

wiffen, oder überzeugt werden können, daß
fie fie verrichtet haben.

Menschen können durch Krankheiten die
Erinnerungen des größten Theils der mit ihnen vorgegangenen Veränderungen verlieren;
aber auch durch andere Krankheiten, die das
Gehirn zerrütten, zu glauben veranlaßt werden, daß sie sehr vieles empfunden, gedacht
und gethan haben, was sie wirklich niemals
empfunden, gedacht und gethan haben.
Auch in diesen Fällen, die man in einem jeden Sammelplatze irrender Personen bemerken
kann, wird die Abhängigkeit des Gefühls der
Personalität von dem getäuschten Gedächtnisse
sichtbar.

Der entwickelte Schmetterling ist nach
mehrern Verwandlungen eine Person, wann
er aus den verschiedenen Zuständen des
Wurms und der Puppe Erinnerungen übrig
behält, die ihm sein vergangenes Daseyn unter andern Gestalten, fühlen machen. Auch
der Mensch bleibt in der durch den Tod be-
wirkten Verwandlung dieselbige Person, wenn
die Organen des Gedächtnisses entweder un-
zerstört fortdauren, oder nach ihrer Auflösung durch die Stimme des Allmächtigen in

eben

eben der Ordnung zusammengefügt werden, in welcher sie am Ende des irdischen Lebens coexistirten. *)

*) Im letztern Falle muß man nothwendig annehmen, daß die einzelnen Bestandtheile der Organen des Gedächtnisses durch ihre Trennung und während derselben wenigstens nicht alle Eindrücke verlieren, die sie vor ihrer Trennung erhalten hatten: und daß also an ihrer neuen Zusammensetzung nicht bloß die vormaligen Werkzeuge, sondern auch ihre Impressionen reproduciret werden. Sonst würde man mit dem Lucres behaupten müssen: (III. 859. de Rerum natura.)

Nec, si materiam noftram conlegerit aetas
post obitum, rurfumque redegerit, ut fita
nunc eft;
atque iterum nobis fuerint data lumina vitae,
pertineat quicquam tamen ad nos id quoque factum,
interrupta femel cum fit *repetentia* noftra.

inter enim jecta 'ft vitai paufa, vageque
deerrarunt paffim motus ab fenfibus omnes.

II. Ueber

## II.

Ueber Epikurs Charakter, und deſſen Widerſprüche in der Lehre von Gott.

Epikur war mir von jeher eins der merkwürdigſten Beyſpiele, was für ein eitles, und vergängliches Ding der Ruf, ſelbſt der größten Gelehrten ſey. Dieſer Weltweiſe hatte das Glück von ſeinen Freunden und Anhängern, mehr als alle übrige, verehrt, und nicht ſowohl verehrt, als vielmehr angebetet zu werden: er iſt aber auch zugleich derjenige, der ſchon bey ſeinen Lebzeiten, noch mehr aber nach ſeinem Tode, am längſten und ungeheuerſten iſt verläumdet worden. Man hielt ihn Jahrtauſende durch für den erklärteſten Feind der Gottheit, und Religion, für einen Verräther des menſchlichen Geſchlechts, für einen Zerſtörer der Tugend, endlich für einen Vertheidiger und Lehrer der gröbſten ſinnlichen Luſt, die er eben ſo ſehr durch ein ſchändliches Leben, als durch gefährliche Grundſätze ſeinen Nachfolgern empfohlen hätte. In dieſem Zuſtande der Erniedrigung blieb Epikur bis in die Mitte des letzten Jahrhunderts (1647.), da Gaſſendi in ſeinem Buche de vita et moribus Epicuri,

curi, seine Vertheidigung übernahm. Dieser verehrungswürdige Mann, dem ich unter
allen Gelehrten des siebenzehnten Jahrhunderts
am liebsten eine Ehrensäule aufrichten möchte, der an bescheidener liebenswürdiger Tugend, an tiefer Kenntniß der Alten, und an
Verdiensten um alle Theile der Philosophie,
die größten Männer, Kritiker und Weltweise
seines Zeitalters, wo nicht übertraf, doch
gewiß erreichte; dieser nie genug geschätzte
Mann zeigte, daß man dem Epikur Schandthaten aufgebürdet hätte, von denen selbst
seine bitterste Feinde ihn freysprechen: daß
der größte Theil der Beschuldigungen wider
ihn ungegründet, alle aber auf die unverant-
wortlichste Art übertrieben wären.    Diese
vortreffliche Schutzschrift gab der Denkungsart des damaligen Zeitalters auf einmal eine
ganz andre Wendung; man nahm den Epikur
um desto eifriger in Schutz, weil man entweder mit Schaam oder Reue, auf die ungerechte Härte, womit man einen Unschuldigen
unterdrückt hatte, zurück sah, oder weil man
sich auch scheuete, einen Weltweisen noch länger zu verunglimpfen, den ein so untadelicher
Gelehrter, als Gassendi war, angepriesen
hatte,

hatte. Es wurde dahero in Frankreich, Deutschland und England Mode, vom Epikur nicht anders, als mit der größten Achtung zu sprechen: in Gassendi's Vaterland hat diese Mode so sehr überhand genommen, daß der Gargettische Greis noch jetzo von allen Weisen des Volks als der größte Freund des menschlichen Geschlechts, als der Lehrer der gefälligen Tugend, als der Erfinder des wahren Systems der Glückseligkeit, der allein Rechtschaffenheit und Vergnügen glücklich mit einander vereinigt habe, allgemein empfohlen wird.

Man ist niemals mehr in Gefahr partheyisch zu werden, als wenn man die gerechte Sache der unterdruckten Unschuld zu vertheidigen glaubt, und sich zu gleicher Zeit bewußt ist, daß man die Ehre einer leidenden Person aus keinen andern, als den edelsten Bewegungsgründen des Eifers für Tugend, und deren Verehrer zu retten sucht. — Gassendi war voll Unwillens über die ungegründeten Vorwürfe, womit man die Ehre des Epikurs geschändet, und dessen Lehren verdrängt hatte; er trug als ein zart empfindender Menschenfreund das lebhafteste Mitleiden mit

mit einem Manne, der so grausam und un-
verdient gelitten hatte, und eben diese unver-
diente Leiden waren Ursache, daß Gassendi zu
sehr für den Epikur eingenommen wurde.
Die Ungerechtigkeit der Ankläger des Epikurs
war der Grund von Gassendi Partheylichkeit.
Er fand ihn so oft unschuldig, daß er ihn
zuletzt für ganz untadelhaft hielt, und fast
nirgends mit Recht angeklagt glaubte. Sein
stets wachsender Eifer für den Epikur erfüllte
ihn mit Argwohn wider alle Widersacher des-
selben, und ließ unter diesen so wenig, als
unter wahren, und falschen Vorwürfen irgend
einen Unterschied mehr machen. Er verleite-
te ihn, alle Beschuldigungen, selbst der ver-
ehrungswürdigsten Männer, für Verläumdungen zu erklären, und trieb diesen so sanften Mann zu eben den Ungerechtigkeiten, die
er an andern zu ahnden, sich vorgesetzt hatte.
Seine Partheylichkeit verführte ihn endlich so
weit, daß er so gar alle die Stellen, die dem
Epikur nachtheilige Grundsätze enthielten, entweder für Erdichtungen erklärte, oder ihnen
auch die gewaltsamsten Auslegungen, durch
das Verwerfen, und Einschieben ganzer Re-
densarten, einen weniger beleidigenden Sinn

zu geben suchte. Man darf nur einen Theil
seines Commentars über das zehnte Buch des
Diogenes gelesen haben, um sich zu überzeugen, daß ich diesem großen Retter des Epikurs, diesem Wiederhersteller der Epikurdi-
schen Philosophie nicht zu viel thue.

Es scheint mir also unläugbar zu seyn,
daß Epikur in neuern Zeiten auf eine eben so
partheyische Art sey entschuldigt, und erhoben
worden, als er vorher angebetet, und verläumdet war. Gassendi hat ihn mit dem
bewundernswürdigsten Scharfsinn gegen alle
die Vorwürfe vertheidigt, die, wenn sie wahr
gewesen wären, den Epikur zu einem sittlichen
Ungeheuer gemacht hätten: allein es blieben
doch noch immer viele Flecken in Epikurs Charakter übrig, die er nicht anders als durch
Allgemeinsätze, das heißt, gar nicht heben
konnte. — Von seinem System zeigte er ferner, daß es sich mit der Glückseligkeit des
einzelnen Menschen vertrage, und nicht unmittelbar zu Schandthaten, oder viehischer
Lust führe: allein nie hat er bewiesen, daß
es mit der wahren Tugend, die nicht blos die
Erhaltung, und das Wohl des Individuums,
sondern auch anderer Menschen zur Absicht

hat, und mit der Glückseligkeit ganzer Nationen vereinbar sey. Er trug die Gedanken
des Epikurs besser vor, als dieser selbst gethan hatte; er milderte manchen unhaltbaren
Satz, und versteckte manche falsche Seite seines Systems: allein bey allen diesen Verschö-
nerungen blieb Epikurs Philosophie doch immer mit den ungereimtesten Fehlschlüssen und
Widersprüchen angefüllt. Wenn man auch
die schädlichen Folgen der Epikurischen Rai-
sonnements ganz übersieht; so sind sie doch die
seichtesten, unbestimmtesten, und unzusam-
menhängendsten aus allen Zeitaltern der
Griechischen Philosophie, endlich diejenigen,
die am wenigsten neue, und eigenthümliche
Gedanken enthalten.

II. Die Verehrung, die Epikurs Schüler
Ihrem Lehrer bey dessen Lebzeiten, und die spätesten Nachfolger nach dessen Tode wiederfah-
ren ließen, ging bis zur Schwärmerey, fast
bis zur Vergötterung. Mit der äusersten Ge-
wissenhaftigkeit folgeten sie den Anordnungen
seines letzten Willens, in welchem er (Diog.
X. 17. 18.) seinen Jüngern befohlen hatte,
seinen Geburthstag alle Jahre zu feyern: noch
viele Jahrhunderte nach Epikurs Tode brach-
ten

ten sie den Göttern an diesem Tage, als an einem festlichen Tage, Opfer, und hielten den
ganzen Monath für heilig (Plin. 35. c. 2.)
Alle Epikuräer hatten nicht nur Statuen und
Gemählde des Epikurs in ihren Häusern; sondern ließen sein Bildniß so gar auf Trinkge-
schirre, und Ringe graben, die sie stets mit
sich herum trugen (de Finibus V. c. 1.)
Sie nannten ihn den ersten Erfinder der Wahrheit (de Fin. l. c. 10. *) den einzigen Lehr-
meister und Wegweiser zur Glückseligkeit.
Sie dankten ihm als dem Lieblinge der Natur,
der allein ihre Stimme recht vernommen, und
allen gelehrigen Menschen ihre heiligen Gesetze
verkündigt hätte.    Sie glaubten nicht nur,
daß er der einzige sey, der die Wahrheit ent-

D 2     deckt,

*) Eaque ipsa, quae ab illo *inuentore verita-*
*tis,* et quasi *architecto beatae vitae* dicta
sunt, explicabo. — Nonne ei maximam
gratiam habere debemus, qui hac exaudita
quasi voce naturae, sic eam firme graui-
terque comprehenderit, vt omnes bene sa-
nos in viam placatae, tranquillae, quietae, beatae vitae deduceret?

deckt, und gesehen habe, sondern waren auch
fest überzeugt, daß er alles gesagt hätte, was
dem Menschen zur Führung eines vernünftigen, und glücklichen Lebens zu wissen nöthig
sey. Lucrez ist nirgends ein grösserer und
wärmerer Dichter, als wenn er sich in die
Lobsprüche des Epikurs, und dessen Verdienste
um das menschliche Geschlecht ausgießt. Das
ganze menschliche Geschlecht (singt er in dem
ersten Buche v. 63. u. f.) lag auf eine schänd-
liche Art unter dem harten Drucke des Aber-
glaubens, der vom Himmel herab durch sein
fürchterliches Haupt die armen schüchternen
Sterblichen schreckte, als ein einziger Weiser
aus Griechenland kühn genug war, sich ihm
entgegen zu setzen, und seine Augen wider dies
Ungeheuer aufzuheben. Weder die schrecklichen Göttergeschichten, noch der Blitzstrahl,
und der drohende Donner des Himmels waren im Stande, seinen Muth zu brechen: sein
Heldengeist wurde um desto mehr gereizt, zuerst die großen Thore der Natur zu durchbre-
chen, die bis dahin die Aussicht in ihre Geheimnisse verschlossen hatten. Sein feuriger
Geist besiegte alle Schwierigkeiten, und drang
weit über die flammenden Mauern der Welt
hin-

hinaus. · Seine Seele durchwandelte den gan=
zen unermeßlichen Raum, und brachte als
Siegerin die erhabensten Wahrheiten zur Beu=
te mit. — In deine Fußtapfen trete ich, du
Zierde und Stoltz der Griechischen Nation:
(III. 1.) nicht um mit dir zu wetteifern, son=
dern allein aus Liebe dir ähnlich zu werden!
wie wollte ein zitterndes Lämmchen sich mit
einem stolzen Pferde, eine Schwalbe sich mit
einem Schwane messen! Du bist der Vater
und Erfinder der Wahrheit: du giebst uns
väterliche Lehren, und aus deinen Schriften,
erhabener Geist! sammlen wir goldene Sprü=
che, wie die Bienen aus den Blumen der
Triften und Wälder Honig säugen. So
bald deine Stimme mir zuzurufen anfängt,
daß die Natur nicht durch die wirkende Kraft
einer Gottheit entstanden sey, entfliehen auf
einmal alle Schrecken der Seele; die Mauern
der Welt theilen sich; ich sehe, wie alle Din=
ge in unendlichem leeren Raume entstehen,
und untergehen: selbst die Götter, und deren
ruhige ungestörte Sitze erscheinen mir. — Die
Acherontischen Tiefen verschwinden, und auch
die Erde ist keine Hinderniß mehr, daß ich
nicht alles, was unter ihr vorgeht, wahr=

neh=

nehmen sollte. Ich werde zugleich von einer göttlichen Wollust, und von einem heiligen Schauder ergriffen, wenn ich die ganze Natur so aufgedeckt vor mir sehe. — Wessen Brust ist stark, ist mächtig genug (V. 1. — 55.) die von ihm erfundenen Wahrheiten, ihrer Majestät gemäß, zu besingen? — Ein Gott, mein Memmius, ein Gott war er, der uns die Lehren der Glückseligkeit entdeckt hat, die wir jetzt Weißheit nennen, der uns aus den Ungewittern des Lebens in eine so stille Ruhe, aus den größten Finsternissen in das hellste Tageslicht versetzt hat. Er verdient selbst der Ceres, dem Bacchus und Herkules vorgezogen zu werden. Jene erfanden die Kunst Früchte und Wein zu bauen, ohne welche das menschliche Leben sehr gut hätte bestehen können, deren selbst jetzo noch viele Völker entbehren. Dieser überwand eine Menge von Ungeheuern, die uns alle nicht sehr geschadet hätten, wenn sie auch am Leben geblieben wären. Allein, was für Gefahren, was für innere Kriege haben wir alsdenn nicht zu fürchten, wenn unsere Brust nicht rein ist, unbändige Begierden, niederschlagende Sorgen, und alle Arten von Lastern unser Inneres

res verwüſten? verdiente der nicht in die Reihe der Götter geſtellt zu werden, der unſere
Seele, nicht durch Gewalt, ſondern durch
Weißheit von allen dieſen Uebeln befreyet
hat. Man ſehe nach das ſechſte Buch v.
1. — 30.

Dieſe Ehrfurcht gegen den Epikur gieng ſo
weit, daß ſeine Schüler bis auf die ſpäteſten
Zeiten nicht das Geringſte an ſeinem Syſtem
zu verändern, oder zu bezweifeln wagten.
Alle ſeine Verehrer glaubten, daß er allein
die Wahrheit geſehen, und ſie auch ganz entdeckt habe. Eine natürliche Folge dieſer
Denkungsart war dieſe: daß ſie weder durch
ihre eigene Kräfte, noch mit Hülfe, und in
den Schriften anderer die Wahrheit weiter
ſuchten. Sie laſen daher nur ſich ſelbſt,
und ihre eigne Werke (de Nat. Deor. II. 29.)
Die Ausſprüche ihres Meiſters hielten ſie,
nach dem Zeugniß des Themiſtius, (Or. IV.)
für ſo heilig, und unverletzlich, als wenn es
Geſetze eines Lykurgs, oder Solons geweſen
wären. Man würde es (ſagt Numenius apud
Euſeb. Praepar. Euang. Lib. XIV. c. V.) für
eine Gottloſigkeit, für die Entweihung von
Heiligthümern gehalten haben, wenn man nur

eine

eine von seinen Lehren der Weißheit, von seinen Regeln der Glückseligkeit umzuwerfen sich
unterstanden hätte. Alle wußten die Denksprü-
che (ratas sententias) des Epikurs; manche
fast alle seine sehr zahlreichen Schriften auswendig. Sie erfanden für die Sätze des Epikurs neue Beweise: suchten solche, die mit
einander zu streiten schienen, zu vereinigen:
legten andere, die zu unbestimmt, oder auch
zu unvorsichtig ausgedruckt waren, auf eine
vortheilhafte Art aus: allein die Grundsätze
selbst ließen sie ganz ungeändert. Keiner aus
dieser Gesellschaft maßte sich je das Verdienst
eines Erfinders, oder Verbesserers, und eigenthümlichen Schriftstellers an; alles, was
von den Mitgliedern dieser Schule gesagt,
und gedacht wurde, selbst die Werke des Hermachus, und Metrodorus wurden dem Epikur zugeeignet. (Sen. Ep. 33.) Seine Schule war daher die einzige in ganz Griechenland,
und vielleicht nicht nur in Griechenland, sondern in der ganzen Welt, in der man, bis
auf ihren gänzlichen Untergang, nichts von
Spaltungen, und Streitigkeiten hörte: alle
wahre Bekenner seiner Lehre lebten in der
freundschaftlichsten Eintracht, ohne Neid,

und

und Wetteifer, zufrieden mit dem Glücke, wofür sie den Stifter ihrer Gesellschaft segneten, von ihm auf den wahren Weg der Weisheit, und Glückseligkeit geführt zu seyn.

III. Gassendi hat in dem oben genannten Werke auf eine unwiderlegliche Art bewiesen, daß alle die Beschuldigungen von den entsetzlichsten Ausschweifungen in den gröbsten sinnlichen Lüsten weiter nichts als Erdichtungen der Feinde des Epikurs entweder abtrünniger Schüler, oder muthwilliger Komiker und Sophisten waren. Der Stoiker Diotimus (Diog. X. 3.) schob dem Epikur, noch bey dessen Lebzeiten, funfzig unzüchtige Briefe unter, die aber gleich, als unächt, entdeckt, und verworfen wurden. Ein Bruder des Metrodors, Timokrates (Ibid. 6. 7.) der die Gärten des Epikurs verließ, schilderte seinen ehemaligen Lehrer, als den viehischsten Schwelger und Wollüstling, der täglich auf seinen Tisch eine attische Mine gewendet, zweymal des Tags sich vor Ueberladungen des Magens übergeben, und seine Gesundheit dadurch so sehr verdorben hätte, daß er schon mehrere Jahre lang von seinem Sitze oder Bette nicht aufzustehen im Stande sey. Er

und

und noch andre (Diog. ibid.) geben ihm
schuld, daß er mit dem Metrodor gemein-
schaftliche Beyschläferinnen gehalten, und in-
geheim in nächtlichen Versammlungen sich den
liederlichsten Ausschweifungen mit einer Menge öffentlicher Weibsbilder überlassen habe,
deren Namen (s. 7.) genannt werden. Sie
beriefen sich auf Briefe des Epikurs, die ihm
aber von Rhetoren und Sophisten, wie die
beym Alciphron, untergeschoben waren, in
denen er der Leontium, Themista, und dem
schönen Pythokles seine heiße Liebe, oder vielmehr Brunst auf die nachdrücklichste Art erklärte.

Daß alle diese Beschuldigungen nichts
als giftige Verläumdungen der Feinde des
Epikurs waren, bewieß Gassendi aus den
Zeugnissen der zuverläßigsten Schriftsteller
des Alterthums, die um desto unverdächtiger
sind, da sie Feinde und Widersacher seines
Systems waren, aber doch nicht umhin konnten, seinem Charakter Gerechtigkeit wiederfah-
ren zu lassen. Cicero, der einer der heftigsten Gegner dieses Weltweisen war, rühmt
an mehrern Stellen seine Mäßigkeit und Enthaltsamkeit sowohl, als die strengen Lebens-
re-

regeln, die er und seine Schüler in dem Genuſſe ſinnlicher Vergnügungen, zu befolgen
pflegten.

Mit wie wenigen (Tuſc. Quaeſt. V. 31.)
ſagt er, iſt der, den wir einen Weichling und
Wollüſtling nennen, zufrieden? Kein andrer
Philoſoph hat über die Nothwendigkeit einer
ſtrengen mäßigen Diät ſo viel geprediget, als
er —. Einige Abſätze weiter führt er die
Epikuräiſche Eintheilung der menſchlichen Begierden und Bedürfniſſe an; und nachdem er
ihren Grundſatz vorgetragen hat, daß die
ſinnlichen Vergnügungen zwar nicht zu verach-
ten, aber auch leicht zu überwinden wären, ſetzt
er dieſen Gedanken des Epikurs, und ſeiner
Schüler hinzu: daß es immer ein Glück ſey,
wenn ſinnliche Vergnügungen nicht ſchadeten,
daß ſie aber auch niemals wünſchenswerth,
und zuträglich wären *) —. Noch entſchei-
bender iſt das gute Zeugniß, was Cicero
(II. de Fin. c. 25.) dem Epikur giebt. Ich
läugne gar nicht, heißt es hier, daß er ein
recht-

*) Omninoque genus hoc voluptatum optabi-
le eſſe, ſi non obſit; prodeſſe nunquam.

rechtschaffener, sanfter und menschenfreundli-
cher Mann gewesen sey.  Ich rede immer nur
von seiner Art zu denken, nicht von seinem
Charakter und Lebenswandel —. Eben dies
aber, daß Epikur selbst und viele seiner Freunde, rechtschaffene Männer waren, und noch
jetzt sind; daß sie treu gegen ihre Freunde,
standhaft und untadelich in ihrem Leben sind,
daß sie endlich mehr nach Pflicht, als nach
Privatinteresse handeln; eben dies scheint mir
zu beweisen, daß selbst in ihnen, die sie die
Wollust für das höchste Gut ausgeben, Tugend wirksamer, als Vergnügen sey.  Noch
viel vortheilhafter redet Seneca vom Epikur
an vielen Stellen seiner Schriften.  Ich führe (sagt er Ep. 21.) die vortreflichen Sprüche des Epikurs um desto lieber an, damit
ich denen, die die Gärten des Epikurs für einen Schutzort, oder für eine Schule des Lasters ansehen, zeige, daß sie allenthalben, sie
mögen hinfliehen, wohin sie wollen, tugend-
haft leben müssen.  Wenn jemand durch die
Aufschrift dieser Gärten: Hospes hic bene
manebis, hic summum bonum voluptas est,
gereizt, wird hineingehen, so wird ihn ihr
sanfter Bewohner gastfreundschaftlich empfangen,

gen, und ihn mit Kuchen bewirthen, auch
Wassers genug geben, und alsdenn fragen,
ob er wohl aufgenommen sey. Epikurs Gärten reizen weder den Hunger noch Durst durch
kostbare Speisen, und hitzige Getränke: sie
stillen beyde durch die natürlichsten, leichte-
sten und wohlfeilsten Mittel. — Epikur hatte, (wie Seneca Ep. 18. aus dessen eigenen
Briefen anführt,) gewisse Fasttage, an welchen er seinen Hunger nicht ganz stillte, um
zu erfahren, wie viel ihm alsdenn zur höchsten Glückseligkeit mangelte. Er lebte den
ganzen Tag von weniger, als einem Assis.
Metrodor, der es noch nicht so weit in der
Mäßigkeit gebracht hatte, brauchte nach seines Lehrers Zeugnisse noch einen ganzen. —
Metrodor, Hermachus und Polyän wurden
nicht durch die Lehren des Epikurs, sondern
durch dessen Umgang große Männer. (Ep. 6.)
Am meisten aber vertheidigt er den Epikur
und seine Philosophie, selbst wider die Stoiker, in seinem Werkchen de Vita beata, c. 13.
u. f. Ich bin fest überzeugt, sagt er, daß
Epikurs Lehren heilig, recht, und, wann man
sie genau untersucht, selbst etwas zu strenge
sind. Unrecht halten viele Stoiker Epikurs
Schule

Schule für eine Lehrmeisterin von Schandthaten: sie ist in einem üblen Ruf, sie ist geschändet, aber ohne Grund und Billigkeit.
Der Name der Wollust hat allein zu diesen
falschen Verläumdungen Anlaß gegeben, die
nur von denen geglaubt werden, die nicht
ins Innere ihrer Lehren eingedrungen sind.
Er sagt von seiner Wollust eben das, was wir
von unserer Tugend sagen. — Diogenes
führt Epikurs Zeugniß aus dessen eigenen
Briefen an, worin er sagt, daß er mit blos-
sem Wasser, und einfachem Brode zufrieden
sey, und einen Freund bitte, ihm etwas Ku-
thärischen Käse zu schicken, damit er etwas
habe, wenn er sich einmal recht was zu gute
thun wolle. Ich bin bereit, (sagt Epikur
beym Stobäus) selbst mit dem Jupiter um
Glückseligkeit zu streiten, wenn ich nur Brod
und Wasser habe: ich zerfließe für Vergnügen, wenn ich mein Körperchen mit Brod und
Wasser sättige, und verabscheue alle die Lüste,
die die schwelgerische Ueppigkeit sich mit gros-
sen Unkosten verschaft. — Alle diese Zeugnisse widerlegen die gehäßigen Beschuldigungen, womit man Epikurs guten Namen so
viele Jahrhunderte durch zernichtet hat, Be-

schul-

schuldigungen, die nur von muthwilligen, oder niederträchtigen Verläumbern erdichtet, und nur von Unwissenden oder Leichtgläubigen für Wahrheiten aufgenommen werden könnten.

Aus allen diesen Zeugnissen aber folgt das nicht, was Gassendi unmittelbar daraus schließt, daß Epikurs Lehren und Schriften eben so rein, heilig und untadelhaft, als sein Leben, und seine Sitten, gewesen seyn, und daß er nie die groben sinnlichen Lüste, als das höchste Gut empfohlen habe. Eben die großen Männer, nemlich, die seinen sittlichen Charakter nicht nur nicht tadelten, sondern mit der größten Unpartheylichkeit bewunderten, sagen es zu wiederholten malen, daß er und seine wahren Schüler besser gelebt, als gelehrt hätten, und daß ihre bösen Grundsätze durch ihren eigenen guten Wandel widerlegt würden. (Cic. de Fin. II. 25.*) Tusc. Quaest.

*) Ita enim viuunt quidam, vt eorum vita refellatur oratio. Atque vt ceteri existimantur, dicere melius, quam facere: sic hi mihi videntur facere melius, quam dicere.

Quaeſt. V. 9. 10. 26.) Sie werfen es ihm durch Auszüge aus seinen Schriften vor, daß er sich selbst nicht einmal als Schriftsteller gleich geblieben sey, sondern bald als ein Curius, als der strengste Sittenrichter, bald wiedrum als der ausschweifendste Wollüstling geredet habe. Gassendi übergieng entweder diese dem Epikur nachtheilige Stellen, oder erklärte sie auch, ohne weitere Gründe für Theile von untergeschobenen Werken. Ich will sie alle aus dem Cicero und Plutarch, wie ich sie gesammlet habe, meinen Lesern mittheilen, um sie zu überzeugen, daß Epikur vielleicht nicht in seinem ganzen Leben so gleichgültig gegen die sinnlichen Vergnügungen gewesen sey, als er es im höchsten Alter, und in den letzten Jahren seines Lebens war, oder daß er wenigstens in seinem System nicht der tugendhafte, mäßige, enthaltsame Philosoph gewesen ist, der er in seinem Leben war. *)

Sie

*) Es giebt mehr Beyspiele von Männern, die besser gelebt, als gelehrt haben. Der Pythagorader Eudoxus hielt schon die Wolluſt für das höchste Gut; allein man glaubte, sagt Aristoteles

Sie werden einen jeden zugleich überführen, wie auſerordentlich groß die Unpartheylichkeit des Cicero, Seneca und Plutarchs geweſen ſeyn müſſe, wenn ſie, bey ſolchen Grund-ſätzen des Epikurs, nicht ganz an ſeiner Tu-gend zweifelten, und ſeine, und ſeiner Schü-ler Zeugniſſe von ihrer aller ſtrengen Lebens-art nicht ganz und gar verwarfen.

Ich weiß gar nicht, (ſagte Epikur in ſei-nem Buche περι τελους, oder de ſummo Bo-no, Tuſc. Quaeſt. L. III. c. 18.) was ich noch Güter nennen ſoll, wenn ich alle dieje-nigen Wollüſte abziehe, die man durch den Gaum, und das Gehör erhält; wenn ich die Vergnügungen, die ſchöne Formen dem Auge ge=

les Nicom. X. c. 2. ſeinen Werken mehr, als ſeinen Lehren. Kleanthes vertheidigte den Arce-ſilas gegen einen Tadler ſo: Παυσαι, ἐφη, και μη ψιγι ἐι γαρ και λογῳ το καθηκον ἀναιρει, τοις γαρ ἐργοις ἀυτο τιθει. Arceſilas antwortete, daß er kein Freund der Schmeichler ſey. Heißt das Schmeicheln, erwiederte Kleanth, wenn man ſagt, daß dein Leben nicht mit deinen Lehren übereinſtimmt. Diog. Laert. VII. 7. ſeq.

geben, endlich den sanften Kitzel, und die angenehmen Bewegungen der übrigen Sinne abrechne. Man kann nicht sagen, daß das Vergnügen der Seele allein ein Gut sey; sie freuet sich nur in der Vorstellung des künftigen Genusses aller der Vergnügungen, die ich kurz vorher genannt habe. *) Oft habe ich, fuhr Epikur fort, diejenigen, welche man Weise nannte, gefragt, was ihnen dann noch für Güter (Bona) übrig blieben, wenn sie jene Vergnügungen weggeworfen hätten? aber niemals habe ich eine befriedigende Antwort erhalten. Wann diese ihre Tugenden und Weisheit, die nichts als leere Wörter sind, einmal verlassen sollten, so werden sie finden, daß man auf keinem andern Wege, als den ich vorgezeichnet habe, nemlich durch den Genuß sinnlicher Vergnügungen zur wahren Glückseligkeit gelangen könne. — Was folgt (setzt Cicero hinzu) ist gleichen Inhalts: das

*) Dies ist eben die Stelle, die Diogenes mit unter den vielen Vorwürfen anführt, die fast alle übrige Philosophen dem Epikur machen. Diog. X. 6.

das ganze Buch vom höchsten Gute ist voll
von solchen Ausdrücken und Grundsätzen.
Entweder muß sich also Epikur für das, was er
nicht seyn will, für einen Vertheidiger der
groben sinnlichen Vergnügungen, als des
höchsten menschlichen Guts bekennen, oder er
muß auch das, was ich angeführt habe, aus
seinem Buche wegstreichen, oder vielmehr das
ganze Buch verwerfen, weil es durchaus mit
Wollüsten angefüllt ist.

Die Frage (sagt Cicero Tusc. Qu. III.
20.) ist nicht von seinem Leben, oder seinem
Charakter, wie ich schon oft wiederholt habe,
sondern allein von dem schlechten Zusammenhange seines Systems. Ungeachtet er die
Wollüste oft verachtet, die er anderswo selbst
gelobt hatte; so habe ich mir doch sehr gut
gemerkt, was Epikur das höchste Gut nennt.
Er hat es nicht blos durch das unbestimmte
Wort, Wollust, ausgedruckt, sondern sich
auch über die Bedeutung dieses Ausdrucks erklärt. Wollust nennt er die Freuden der Ta-
fel, des Genusses und des Gesangs: endlich die süßen Vergnügungen, welche die
Augen bey dem Anblick schöner Formen empfinden. Erdichte ich hier, sagt Cicero, re-

be

de ich die Unwahrheit? Ich wünsche widerlegt zu werden; mir ist es allein darum zu thun, daß die Wahrheit allenthalben entdeckt werde. Freylich, sagt derselbe Epikur, daß die größte Wollust darin bestehe, gar keine Schmerzen zu leiden, und daß mit der Wegräumung aller unangenehmen Empfindungen, unser Vergnügen und Glückseligkeit keinen Zuwachs mehr erhalten könne. Allein in diesen wenigen Worten hat er auch drey grobe Fehler begangen, unter welchen der größte dieser ist, daß er sich offenbar widerspricht. Denn bald sagt er, daß er sich gar nicht einmal ein Gut vorstellen könne, wenn nicht die Sinne durch einen angenehmen Reiz gekitzelt würden: und bald setzt er das höchste Gut in der Abwesenheit alles Schmerzes, im Nichtleiden.

Ich glaube nicht, (sagt Cotta zum Epikurder Vellejus de Nat. Deor. I. 40.) daß du zu denjenigen Epikurdern gehörst, die sich der Stellen in den Schriften ihres Lehrers schämen, wo er erklärt, daß er alle sogenannte Güter gar nicht für Güter erkenne, die keine von den weichlichen und unkeuschen Vergnügungen hervorbrächten, welche er

sich

sich nicht schämt, einzeln zu nennen, und
durchzugehen. — Selbst unser Freund
Philo konnte es nicht leiden, daß die Epikuräer die feinen und weichlichen Vergnügungen
verachteten. Er selbst sagte aus dem Kopfe
eine Menge von Sprüchen aus Epikurs
Schriften, und zwar mit den eigenen Worten
des Epikurs her; auser diesen noch viele vom
Metrodor, einem Genossen der Weisheit des
Epikurs, die noch viel unverschämter waren:
Der Letztere tadelt seinen Bruder, Timokrates,
daß er Bedenken trüge, alles, was zum
glücklichen Leben gehöre, allein nach dem
Magen abzumessen, und dies thut er nicht
einmal, sondern mehrmalen. Ich sehe, sagt
Cotta zum Vellejus, daß du mir Recht giebst;
die Stellen sind dir bekannt: ich würde die
Bücher selbst herbey holen, wenn du es
läugnetest. — Zuletzt verweise ich neugierige Leser auf c. 11, et 21. de Fin. bon. II.
Libr., wo Cicero sagt, daß Epikur bald als
ein andrer Curius rede, und bald wiederum
behaupte, daß, auser der sinnlichen Lust,
gar nicht einmal irgend ein Gut gedacht werden könne: daß Epikur in ganzen Bänden
von der Themista rede, und daß seine Leser

E 3        sehr

sehr oft sich von den schmutzigsten, und un-
keuschsten Vergnügungen mußten unterhalten
laſſen.

Nach dem Cicero bezeugt Plutarch (T. III.
p. 2002. ὅτι ἐδὲ ζὴν ἐστιν ἡδέως κατ᾽ ἐπι-
κεςον), daß Epikur sehr oft, nahmentlich
aber in seinem Buche vom höchsten Gute gesagt habe: daß er sich allein auf die Lüſte des
Fleisches, und durch die Hoffnung ihres Genuſſes freue, und daß er endlich auf diese allein ein großes Zutrauen setze. *) Er habe
gezweifelt, (p. 2008.) ob der Weise als
Greis, wenn er zu den Freuden des Genuſſes
zu schwach und unfähig sey, sich noch durch
Berührungen und Betaſtungen schöner Körper zu beluſtigen suchen solle? Er habe endlich auf die Frage, (πρὸς κολωτην p. 2066.)
ob der Weise auch wider die Geſetze handeln
dürfe, wenn er gewiß überzeugt sey, daß seine That unentdeckt bleiben werde? geantwor-
tet: daß diese einfache Frage sehr schwer zu
beantworten sey. **) Noch viel weniger laſ-

sen

*) Ἐπι σαρκι και τη περι σαρκα ἐλπιδι ἀλλῳ δε
μηδενι, χαιρειν και θαρρειν.

**) Οὐκ εὐοδον το ἁπλυν ἐστι κατηγορημα.

sen sich die Stellen entschuldigen, die Plutarch aus den Schriften des Metrodors anführt, den Epikur selbst als seinen größten
Schüler, und alle seine Nachfolger, als einen zweyten Epikur verehrten. Dieser behauptete, daß alle große und weise Erfindungen blos in und zu der Absicht gemacht wären,
den Bauch zu befriedigen, oder uns auch mit
der Hoffnung ihm zu fröhnen, auf eine angenehme Art zu schmeicheln (p. 1996. und
2061.) Er schrieb an seinen Bruder Timokrates, daß der Weise sich gar nicht damit
befangen müsse, die Wohlfarth von Griechenland zu befördern, oder Kronen der Weißheit zu erringen; seine würdigste Bestimmung
sey, zu essen, und süßen Wein zu trinken,
ohne doch den Magen zu verderben. (p. 2014.
und 2062.) Er freuete sich, und war stolz
darauf, daß er vom Epikur gelernt habe, seinem Bauche auf eine unschädliche Art gut zu
thun: nur durch ihn könne man des höchsten
Gutes theilhaftig werden. Von einem solchen Manne kann mans erwarten, daß er
Gesetze für Kleinigkeiten, und Gesetzgeber für
Thoren hielt. Der ungebundene Weise (sagte Metrodor S. 2066.) lache über alle Men-

schen

schen, besonders aber über die Lykurge und Solons, wahrscheinlich als über Thoren, die, statt der Kunst des Wohllebens, sich mit einer, weit weniger wichtigen, mit der Kunst, andre Menschen glücklich zu machen, beschäftiget hätten.

Alle die gerechten Vorwürfe, die diese von mir gesammleten Stellen, wo nicht wider das Leben, doch wider das System des Epikurs, und seines Seelenfreundes des Metrodors, hergeben, lassen sich nicht durch eine einzige Vermuthung des Gassendi zurückschlagen; daß sie wahrscheinlich alle aus erdichteten Schriften hergenommen wären, deren Unächtheit Plutarch und Cicero, vor der heftigen Feindschaft, womit sie den Epikur verfolgten, nicht hätten einsehen können, oder wollen. Epikur empfehle in unbezweifelten ächten Stellen seiner Schriften Mäßigkeit und Enthaltsamkeit so sehr, setze den Werth der sinnlichen Vergnügungen so tief herab, und erkläre die Tugend für so nothwendig zur Glückseligkeit, daß man ihm unmöglich solche Gesinnungen zutrauen könne, als in den angeführten Zeugnissen des Cicero und Plutarchs

ent-

enthalten ſind. · Comment. in Diog. Lib. X,
p. 1335.

Allein man kann bey beyden Philoſophen
weder einen ſolchen Mangel des Scharfſinns,
noch der Ehrlichkeit annehmen, als voraus-
geſetzt werden müßte, wenn ſie wiſſentlich,
oder unwiſſentlich auf falſche, dem Epikur
angedichtete Schriften, als auf wahre, ſich
hätten berufen ſollen. Beyde Männer waren
nicht wider den Epikur ſelbſt eingenommen;
ihr ganzer Tadel traf allein ſeine Grundſätze.
Sie gaben zu, das Epikur beſſer gelebt, als
gelehrt habe: daß man ihn nach ſeinen Handlungen, und nicht nach ſeinen Grundſätzen
beurtheilen müſſe: daß er ſehr oft ein ſtrenger
Sittenlehrer, ſtrenger als Zeno, Ariſtoteles
und Plato ſey: ſie ſagten aber zugleich, daß
er ſich nicht gleich bleibe, und dann und wann
die ſinnlichen Vergnügungen eben ſo ſehr lob-
preiſe, als er zu andern Zeiten die Tugend zu
empfehlen pflege. Der größte Beweis ihrer
Unpartheylichkeit iſt dieſer, daß ſie ſowohl die
gute, als ſchlimme Seite der Epikuräiſchen
Moral ſahen, daß ſie nicht allein die nachtheil-
ligen Stellen, wo Epikur ſich vergeſſen hatte,
ausſuchten, und aus dieſen auf ſein Leben,

E 5                    auf

auf seinen Charakter zurückschlossen, wie man unzählige mal gethan hat.　Partheylichkeit also könnte ihnen weder die Fähigkeit, noch den guten Willen, die ächten Schriften des Epikurs von den falschen und untergeschobenen, zu unterscheiden, benehmen.

Eben so wenig konnten beyde Philosophen, ohne es zu wissen, unächte Schriften für wahre Arbeiten des Epikurs ansehen, und aus ihnen, als aus ächten Werken, Stellen wider den Epikur anführen.　Schon bey den Lebzeiten des Epikurs hatte man ein vollständiges Verzeichniß seiner Schriften: alle Nachfolger dieser Philosophen lasen nur seine, und seiner Schüler Werke: manche thaten dies mit einem so ausserordentlichen Fleiße, (Diog. X. 12.) daß sie fast alle Arbeiten ihres Meisters auswendig wußten.　Unter solchen Umständen konnte dem Epikur nichts angedichtet werden, ohne daß es gleich von den Epikurkern, die immer die größte Anzahl der Griechischen Philosophen ausmachten, entdeckt worden wäre. Die Briefe des Stoikers Diotimus, von denen ich schon oben geredet habe, wurden gleich von allen Freunden des Epikurs, als ein untergeschobenes Werk, verworfen.　Die

*von*

von Alciphron, und andern Sophisten im
Namen des Epikurs geschriebene Briefe, können nicht als Gegenbeweise gebraucht werden;
diese tragen die Zeichen der Unächtheit so offenbar an sich, daß kein aufgeklärter Feind
des Epikurs sie je wider diesen Philosophen
brauchte, und kein Epikuräer sich je die Mühe gab, ihre Untergeschobenheit auf eine müh-
same Art darzuthun. Wenn also auch dem
Epikur solche Schriften angedichtet, oder,
was auf eins hinaus lauft, in wahre Schriften falsche Stellen hineingeschoben worden
wären; so müßten beyde zu Cicero's, noch
mehr zu Plutarchs Zeiten allgemein bekannt gewesen seyn: und beyde würden, als die größten Gelehrten ihrer Zeit, solche falsche Zeugnisse nicht unwissend wider den Epikur haben
brauchen können.

Noch viel weniger läßt es sich denken,
daß diese beyden Philosophen sich wissentlich
auf Schriften, und Stellen, die sie selbst für
unächt hielten, als auf wahre Arbeiten ihres Widersachers, sollten berufen haben.
Wenn man bey ihnen auch den heftigsten par-
theyischen Haß annehmen wollte, der sie zu
einem solchen unredlichen Verfahren hätte ver-
leiten

leiten können; so würden sie doch nicht, ohne die größte Gefahr, ihren guten Namen, und die Sache, die sie vertheidigten, unwiederbringlich zu verlieren, einer solchen Niederträchtigkeit sich haben schuldig machen können. Ihre Absichten würden gleich entdeckt, und sie selbst für Falsarien erklärt worden seyn.

Wenn man also die, aus dem Plutarch, und Cicero gesammleten Stellen, für wahre Aussprüche des Epikurs hält, wie man sie, ohne Ungerechtigkeit gegen ein Paar der größten Männer des Alterthums nothwendig dafür erklären muß, und nach ihnen den Philosophen des Vergnügens beurtheilt; so wird man leicht finden, daß Epikur nicht so untadelhaft und edel gedacht, vielleicht auch nicht sein ganzes Leben durch so unbescholten gelebt habe, als Gassendi glaubt: daß er aber auch nicht ganz so verführerisch in seinen Grundsätzen, und so ausschweifend in seinem Leben gewesen sey, als seine alten und neuen Verläumder behaupteten. Gassendi wählte blos die schöne Seite des Epikuräischen Systems, um einen noch schönern Sinn hinein denken zu können: seine Feinde hingegen blieben

ben

ben gerade bey den Stellen stehen, wo Epikur
sich am meisten vergessen hatte, und sich selbst
ungleich zu werden anfing. Solche Wider=
sprüche in den Schriften des Epikurs selbst,
und die darauf sich gründenden entgegen ge=
setzten Urtheile über den Werth seiner Moral
sowohl, als seines Charakters, würden ganz
unerklärlich bleiben, wenn man nicht anneh=
men dürfte, daß Epikur eher zu schreiben an=
gefangen, als er seine Hauptbegriffe gehörig
bestimmt, und geordnet hatte; daß er vor der
Vollendung seines Systems manche zu unvor=
sichtige Ausdrücke, und kühne Gedanken ge=
wagt, und eben diese, erst durch die zuweit
getriebenen Auslegungen seiner Feinde auf=
merksam gemacht, in strengere, und der Käl=
te des spätesten Alters mehr angemessene
Grundsätze herabzustimmen gesucht habe.

IV. Diese übermäßige Schätzung und
Empfehlung der sinnlichen Lüste, als des
höchsten Gutes, ist aber nicht der einzige Vor=
wurf von welchem Gassendi, den Epikur nicht
reinigen konnte; es bleiben auch in seinem Cha=
rakter noch andere Flecken übrig, die nicht wenig
dazu beytrugen, daß nicht nur alle übrige
Phi=

Philosophen von Griechenland, sondern auch
ganz unpartheyische Männer wider ihn aufgebracht wurden. So zärtlich und großmü-
thig Epikur gegen seine Freunde, Schüler
und Hausgenossen war, so undankbar war
er gegen seine Lehrer, denen er seine Ausbildung, und sein ganzes System zu danken
hatte. Unter allen Weisen von Griechenland
schätzte er nur allein den Anaxagoras und Ar-
chelaus; alle übrige Philosophen aber, den
Sokrates, Demokrit, Pythagoras, Plato,
Aristoteles, und noch andere belegte er mit
erniedrigenden Schimpfnamen, verkleinerte
nicht blos den Werth und die Verdienste dieser Männer als Schriftsteller, sondern vergriff
sich mit einer empörenden Unverschämtheit an
ihren Charakteren, als Menschen, die ihm
hätten heilig seyn sollen. Er war so erfinde-
risch, als Aristophanes in neuen Schimpf-
wörtern, und in den Bezeichnungen neuer Laster, die er den tugendhaftesten Männern andichtete. Beyde sind gleich unübersetzlich,
und ich muß daher neugierige Leser auf den
Diogenes X. 8. und Plutarch gleich im Anfange seiner Abhandlung, daß man, nach
dem Epikur, nicht vergnügt leben könne, ver-
weisen.

weisen. Epikur war es, der den Aristoteles auf ganze Jahrhunderte infam machte, der ihm die niedrigsten Beschäftigungen, und die schändlichsten Handlungen andichtete: und wann er selbst in der Folge durch feindselige Verläumdungen litt; so war diese Wiedervergeltung nur eine kleine Strafe für das, was er an andern gesündigt hatte. Diese Pasquillenwuth pflanzte sich von ihm auf den größten Theil seiner Schüler fort, (De Nat. Deor. I. 33. 34.) und doch glückte sowohl dem Epikur, als seinen Anhängern nichts weniger, als die Bemühung witzig zu seyn, und andere auf eine feine Art verspotten zu wollen.

Neben dieser schwarzen Undankbarkeit gegen seine Lehrer, und der eben so tadelnswürdigen Verkleinerungssucht, hatte Epikur eine blinde schmutzige Eitelkeit, die seinem Gedächtnisse gar keine Ehre macht.

Ungeachtet Epikur fast alle seine Behauptungen dem Demokrit und Aristipp zu danken hatte, und da, wo er Veränderungen vornahm, mehr verdarb, als verbesserte, (Cic. de Fin. I. 6 - 8.) so wollte er doch durchaus für einen Selbstgelernten (ἀυτοδίδακτος. Diog. X. 13.) gehalten seyn, der

gar

gar keine Lehrer und Vorgänger gehabt, sondern alle seine Erfindungen aus der Tiefe seines eigenen Genies heraus gezogen hätte.
Anfangs (sagt Plutarch προς κολωτην p.
2033.) habe Epikur, nach dem Zeugniß einer seiner vornehmsten Schüler, sich selbst
für einen Nachfolger des Demokrits ausgegeben, und diesen Philosophen für den ersten
Erfinder des Systems der Wahrheit gehalten. Selbst Metrodor behauptete, daß Epikur, ohne den Demokrit, nicht zum Besitz
der Weisheit gelangt wäre; allein nachher
änderte Epikur seine Sprache, und nannte
den Demokrit, den er so sehr gelobt hatte,
nur Ληροκριτος. Um diesen so sehnlich ge-
wünschten Ruhm der Originalität, und Selbst-
Erfindung nicht zu verlieren, führte er in
allen seinen Schriften nicht ein einziges mal
die Worte eines andern Philosophen an. Er
gewöhnte seine Schüler zu der beschwerlichen
Arbeit, seine Worte auswendig zu lernen,
und scheute sich nicht selbst zu gestehen, (Plut.
p. 2017.) daß unter allen Bekennern seines Systems kein einziger Weiser, als er selbst gewesen
sey. Ihm kostete es keine Ueberwindung zu sagen,
daß seine Mutter gerade nur so viel edle Atomen

men in ſich vereinigt habe, als dazu erfordert worden, einen einzigen Weiſen zu bilden; und die Schmeicheley ſeines Bruders
zu wiederholen, der ihn gleich anfangs für
den geiſtreichſten unter allen ſeinen Brüdern
erklärt hatte. Er ſagte es der Welt, und ſeinen Leſern mit einem innigen Wohlgefallen,
daß ſein Jünger Kolotes, wider welchen Plutarch ſchrieb, ihm zu Füßen gefallen ſey, ihn,
als einen Gott angebetet, und daß er wiederum, von einem ähnlichen Enthuſiaſmus ergriffen, dieſelbe ehrfurchtsvolle Stellung gegen den Kolotes angenommen habe. — In
ſeinem Teſtamente (Diog. X. 17 - 23.) ver-
macht er den Garten, worin er gewohnt hatte, den Nachfolgern in ſeiner Philoſophie als
ein unveräuſerliches Eigenthum, und ſetzte
andere Einkünfte aus, von denen ſeine Anhänger ſeine eigene und ſeiner Brüder Ge-
burts= und Gedächtnißtage auf eine feſtliche
Art begehen könnten. Selbſt in den letzten
Stunden ſeines Lebens, als er von unerträg-
lichen Steinſchmerzen bis zum Tode gemar-
tert wurde, richtete ihn das Andenken ſeiner
Erfindungen, und die Hoffnung eines unſterblichen Ruhms ſo ſehr auf, daß, nach ſeinem

eigenen Geständniffe, die Freuden der Seele den heftigsten Schmerzen des Körpers gleich wogen. (Diog. X. 22.)

V. Man kann unmöglich, wie Diogenes auf gut Epikuräisch (VII. 8. et de Nat. Deor. I. 34.) thut, und Gaſſendi billigt, antworten, daß die Urheber aller Vorwürfe gegen den Epikur unſinnig wären, (μεμηνασι δε ουτοι) und doch noch glauben, etwas widerlegt zu haben. Der Machtspruch eines ſo eingeſchränkten, und noch dazu von Partheyſucht eingenommenen Mannes iſt von gar keinem Gewichte, und weniger der Beweis eines feſten Zutrauens auf ſeine gute Sache, als einer erklärten Verzweifelung, ſeinen Liebling vertheidigen zu können. Da er das, was offenbare Verläumbung war, mit ſo großer Sorgfalt widerlegt, und ſich ſo gar zur Aufdeckung ſophiſtiſcher Erdichtungen herabläßt, von denen kein vernünftiger Menſch ſich hätte verführen laſſen; warum hätte er ſeine Leſer in Anſehung der Beſchuldigungen, die man wider den Epikur aus deſſen eigenen Schriften vorbrachte, nicht ebenfalls aus dem Zweifel ziehen können, wenn es in ſeiner Macht geweſen wäre? Er ſucht ſie vielmehr zu hintergehen, indem er auf das, was niemand glaubte, und wiedrum auf das, was gegründet schien, auf einerley Art antwortet, und den Leser zu überreden glaubt, als wenn er nun alles, widerlegt hätte.

Epikurs Tugenden (sagt Diogenes (s. 9.) und nach ihm Gassendi,) setzen ihn gegen alle Beschuldigungen in Sicherheit. Von seinem überschwenglichen Wohlwollen gegen alle Menschen zeugen die zwanzig Statuen, die sein Vaterland ihm setzte; zeugen seine Freunde, deren Menge ganze Städte nicht fassen konnten; endlich seine Schüler und Anhänger, die alle durch die unwiderstehlichen Reize seiner Philosophie unauflöslich an ihn gefesselt wurden, den einzigen Metrodor ausgenommen, der zum Karneades wahrscheinlich deswegen übergieng, weil er das Uebermaß der gefälligen Freundschaft des Epikurs nicht ertragen konnte. Seine Dankbarkeit gegen Aeltern, seine Wohlthätigkeit gegen seine Brüder, endlich seine Sanftmuth gegen seine Hausgenossen und Bediente leuchten selbst aus seinem letzten Willen hervor. Seine Ehrfurcht für die Götter, und seine Vaterlandsliebe waren unaussprechlich. Aus über-

mäßi-

mäßiger Bescheidenheit nahm er keine öffent-
liche Aemter und Geschäfte über sich. —— —

Einen Theil von denjenigen Tugenden,
die dem Epikur in dieser Lobrede zugeschrie-
ben werden, konnte nur ein von Partheylichkeit entzündetes Gehirn an diesem Philosophen finden. Zu diesen rechne ich ohne Bedenken die unaussprechliche Ehrfurcht gegen
die Götter, seine Vaterlands = und Menschen-
liebe. Die übrigen alle konnte Epikur besitzen, und doch mit den vorher bewiesenen
Schwachheiten behaftet seyn. Er konnte
dankbar gegen seine Aeltern, wohlthätig gegen
seine Brüder, zärtlich gegen seine Freunde;
und nichts destoweniger eitel, und aus Eitelkeit verläumderisch seyn. Alle diese Tugenden und Untugenden haben sich unzählige mal
in demselbigen Menschen zusammen gefunden,
und sind gar nicht entgegengesetzt, oder einander ausschließend: selbst Epikur vereinigte
noch viel größere Widersprüche in sich, wie
ich in einem der vorhergehenden Absätze er-
wiesen habe.

Die Stelle, worin Diogenes dem Epi-
kur eine so schwärmerische Lobrede hält, weicht

von

von der kalten, trocknen Schreibart dieses
Mannes so sehr ab, und ist so voll von Bildern und Uebertreibungen, daß ich nicht umhin kann, zu vermuthen, er habe sie, ohne
es zu bemerken, aus einem ächten Epikurder
genommen, unter welchen eine solche Sprache
die ganz gewöhnliche war.      Wenigstens
macht sie mit dem, was vorhergeht und folgt,
einen so starken und sonderbaren Absatz, daß
ich nicht wüßte, wie ein so plötzlicher Enthu-
siasmus die erfrorne Einbildungskraft dieses
Mannes habe heben, und gleich wieder verlassen können.

Das Letzte, was Gassendi zur Rechtferti-
gung des Epikurs anführt, ist eine vollstän-
dige Aufzählung aller der großen Schüler,
besonders unter den Römern, die sich zu seinem System bekannt haben. — Große Schüler, die edel denken und handeln, beweisen im
geringsten nicht, daß der Lehrer eben so vor-
trefflich gedacht und gelebt habe.      Unterdessen lassen sich bey den Römern, die das Epi-
kurdische System zur Richtschnur ihres Lebens machten, sehr gute Gründe dieser Denkungsart angeben.

F 3

Die

Die Römische Republik war damals, als Cicero so viele Epikuräer zu Freunden hatte, in einer solchen Krisis, in welcher diejenigen, am sichersten waren, die am wenigsten Macht und Ansehen hatten, oder zu haben verlangten. Deswegen zogen sich viele gemächliche, und selbst manche patriotische Römer, die der Republik nicht mehr nutzen zu können, glaubten, von den öffentlichen Geschäfften zurück, und begaben sich auf ihre ruhige Landsitze, wo sie alle Glückseligkeit genossen, nur diejenige nicht, die dem ächten Römer die größeste seyn mußte, das Vaterland vertheidiget, und glücklich gemacht zu haben. Zu Cicero's Zeiten, waren also die vornehmen Römer, die philosophirten, schon durch die traurige Lage ihres Staats zum Epikuräismus vorbereitet.

Man trifft aber in diesem Zeitalter unter den Freunden des Epikurs auch solche Männer an, die durch ihren Wandel die Epikuräische Philosophie widerlegten, in so fern sie nemlich ihre Anhänger von den öffentlichen Geschäften zu entfernen suchte. Cassius, Vellejus, und noch andere, die Gassendi anführt, waren Häupter der Republik, und wen-

wendeten den köstlichsten Theil ihres Lebens
zum Dienste des Vaterlandes an.    Diese
Beyspiele bestätigen die Bemerkung, daß die
großen Römer sich nur in so ferne zu einer
Secte rechneten, inwieferne deren Lehren mit
dem größten Theile ihrer Neigungen sich vereinigen ließen.    Mancher war in der Moral
ein Epikuräer, der sich in der Lehre von Gott,
und der Seele, in andern Schulen Raths er-
holte, und viele lebten wiederum als Stoiker,
die, was Religion und Physiologie betraf,
den Lehrsätzen des Epikurs beystimmten.

VI. Epikurs System war in allen seinen
Theilen unzusammenhängend und mit einander
streitend; aber nirgends sind Widersprüche
mehr gehäuft, als in seiner Lehre von der Natur der Gottheit.    Was er von der Substanz
der Götter, ihren Eigenschaften und Wohnungen sagt; selbst seine angeblichen Beweise
für ihr Daseyn werfen nicht nur die ersten
Grundsätze übern Haufen, auf die sich das
ganze Gebäude seiner Philosophie stützt, sondern würden auch ganz allein für sich betrachtet, aus dem Zusammenhange mit dem übrigen System herausgerissen, sich gegenseitig
zerstören.

F 4

Diese

Diese Unvereinbarkeit seiner Lehre von
Gott mit den ersten Grundsätzen seiner Philosophie führte schon viele unter den Alten auf
die Gedanken, daß Epikur nur deswegen von
den Göttern geredet habe, um die argwöh-
nischen Priester, und das Volk von Athen
nicht wider sich aufzubringen. Der Stoiker
Posidonius (Cic. de Nat. Deor. I. 44. *)
sagte es rein heraus, daß Epikur im Grunde
das

*) Verius est igitur nimirum illud, quod fa-
miliaris omnium nostrum Posidonius dif-
seruit in libro quinto de Natura Deorum,
nullos esse Deos, Epicuro videri : quae-
que is de Diis immortalibus dixerit, inui-
diae detestandae gratia dixisse. Neque
enim tam desipiens fuisset, vt homuncu-
lis similem Deum fingeret, lineamentis dun-
taxat, non habitu solido, membris hominis praeditum omnibus, vsu membrorum
ne minimo quidem; exilem quendam, atque perlucidum, nihil cuique tribuen-
tem, omnino nihil curantem, nihil
agentem.

das Daseyn einer Gottheit geläugnet, aber sie den Worten, und dem Scheine nach vertheidiget habe, und die schlimmen Folgen des öffentlichen Bekenntnisses seiner Grundsätze zu vermeiden. Sextus sagt es gleichfalls, (IX. 58.) daß mehrere dieser Meynung gewesen wären. — Cotta hingegen beym Cicero (de Nat. Deor. l. 3.) glaubt, daß Epikur die Vorsehung der Götter im Ernste deswegen geläugnet habe, weil mit einem solchen mühseligen Geschäfte die höchste Glückseligkeit der Götter nicht bestehen könne, und daß diejenigen, welche dem Epikur das Abläugnen der Vorsehung zur Abläugnung der Gottheit selbst auslegten, diesem gar nicht arglistigen Philosophen unrecht thäten. Fast eben so schließt Lactanz. (de Ira Dei l. c. 3.) Die meisten Neuern, Cudworth, Mosheim, Parker stimmen dem Posidonius bey, rechnen aber dem Epikur seine Verstellung zu hoch an, dem man es, meiner Meynung nach, nicht verargen kann, daß er keine Lust hatte, ein Märtyrer seiner Hypothesen zu werden, und deswegen die Tempel von Göttern besuchte, deren Daseyn seine ganze Philosophie übern Haufen warf.

F 5          Die

Die gar zu offenbaren Widersprüche der
Begriffe des Epikurs von den Göttern mit allen übrigen Theilen seines Systems hat auch
mich schon lang bewogen, der Parthey derjenigen beyzutreten, die die Theologie dieses
Philosophen für eine exoterische Lehre ansehen,
die blos dazu erfunden worden, den Argwohn
der Athenienser einzuschläfern.  Seit der Zeit,
sagt Cicero irgendwo, (de Nat. Deor. I. c. 23.)
daß das blose Zweifeln des Protagoras an
dem Daseyn einer Gottheit von den Athenien-
sern so hart geahndet wurde; wurden die Philosophen viel vorsichtiger, und zurückhalten-
der in der Bekanntmachung ihrer geheimsten
Gesinnungen.

Ich gebe zu, daß es immer eine gefährliche Art zu schließen sey, wenn man behaup-
tet, daß ein Philosoph von zwoen sich wider-
sprechenden Meynungen, eine unmöglich habe
glauben können, und läugne auch nicht, daß diese
Art zu schließen tausendmal ist gemisbraucht
worden gegen einen einzigen Fall, wo man sie
recht angewendet hat. Wir können nemlich sehr
oft unter den Grundsätzen eines andern Widersprüche wahrzunehmen glauben, die wirklich
nicht da sind, und nur allein von uns gefunden
wer-

werben: wir können wahre Widersprüche entdecken, die der andere in seinen eigenen Ge-
banken nicht wahrgenommen hat. Dies alles habe ich überlegt, und glaube doch, ohne
mich einer Ungerechtigkeit gegen den Epikur
schuldig zu machen, in dem gegenwärtigen
Falle, aus den Widersprüchen seiner Lehre von
Gott mit seinem übrigen System, auf eine
nur dem Scheine nach, unternommene ver-
stellte Vertheidigung ihres Daseyns schließen
zu können.

Epikur fand nemlich in seiner ganzen
Philosophie keine für ihn geltende Gründe,
aus denen er ihr Daseyn hätte beweisen können. Anstatt die Wirklichkeit eines göttlichen Wesens zu beweisen, erklärte er entweder
die Möglichkeit des Ursprungs unserer Begriffe von Göttern, oder bewies sie auch mit solchen Gründen, die er anderswo selbst für
Vorurtheile erklärt hatte, und seinem System
nach auch für Vorurtheile halten mußte. Auf
eben die Art gab er der Gottheit die wenigen
Vorzüge, die er ihr zugestand, von freyen
Stücken, ohne irgend einen befriedigenden
Grund, oder auch aus solchen Gründen, aus
welchen er auch die übrigen Vollkommenheiten,

ten, die er läugnete, hätte zugeben müssen.
Eben die Beweise, aus denen er das Daseyn
der Götter, und ihrer Eigenschaften festzusetzen
vorgab, galten ihm nichts mehr, wenn sie
ihn auch auf die Vorsehung führten, die er
ohne Zurückhaltung läugnete. Er gab ihnen
eine Substanz, und dieser Substanz eine Un-
vergänglichkeit, die die Hauptgrundsätze seiner
Weltweißheit beyde für gleich unmöglich erklärten. Er versetzte sie in leere Räume, die
er, vermöge eben dieser Lehre, gar nicht annehmen konnte. Aber dagegen gab er ihnen
eine menschliche Gestalt, die seine Götter den
Göttern der Griechen ganz ähnlich machte,
und vorzüglich den Pöbel blendete, der weder die Gründe, warum er Götter von solcher
Gestalt annahm, noch die Gegengründe, die
wider sie in seinem eigenen Systeme lagen, gehörig untersuchen konnte. Diese große Anzahl von den gröbsten Widersprüchen in der
Lehre von Gott mit den wichtigsten Grundsätzen
seiner Philosophie konnte Epikur während seines ganzen Lebens unmöglich übersehen, und
wenn er eines solchen Mangels von Scharfsinn auch fähig gewesen wäre, würde er doch
durch die Einwürfe aller übrigen Philosophen
auf-

aufmerkſam darauf gemacht ſeyn, bie ihn von allen Seiten, aber beſonders in ſeiner Lehre von Gott angriffen.

Unter andern Umſtänden würde die von mir gebrauchte Art zu ſchließen, am wenig-ſten gegen den Epikur gelten können, weil es ihm ſehr gewöhnlich war, in allem Ernſte ſolche Säße zu behaupten, die nach dem Ur-theile aller übrigen Menſchen offenbar wider-ſprechend waren. Das macht ihr oft ſo, ſagt Cotta beym Cicero, (Lib. I. de Natur. Deor. c. 25.) daß, wann ihr mit gewiſſen unwahrſcheinlichen Behauptungen dem Tadel nicht entgehen könnt, ihr auf ganz unmögli-che und unbegreifliche Dinge fallet, ſo daß es faſt beſſer geweſen wäre, eure erſten Behaup-tungen aufzugeben, als euch auf eine ſo un-verſchämte Art zu vertheidigen. Als Epikur ſah, daß alle Freyheit, ſeinem Syſtem nach unmöglich ſeyn würde, wenn die Atomen, vermöge ihrer Schwere, nach unveränderli-chen Geſetzen ſänken; ſo fand er gleich ein Mittel, dieſer zwingenden Nothwendigkeit auszuweichen, das dem Demokrit gar nicht eingefallen war. Er ſagte nemlich ohne Be-weis, daß die Atomen von ihrem ſenkrechten

Falle

Falle ein wenig zur Seite wichen. Diese Behauptung war wirklich ärger, als das aufrichtige Bekenntniß, jene Erstere nicht vertheidigen zu können, gewesen wäre. Eben so ficht Epikur gegen die Dialectiker; da diese behaupten, daß in allen Disjunctivsätzen, wo die Partikeln entweder, oder, zu stehen kommen, nothwendig ein Glied wahr sey; so befürchtet er, daß, wenn er zugäbe: entweder wird Epikur morgen leben, oder nicht leben, eins von beyden nothwendig würde. Er läugnet daher schlecht weg, daß einer von solchen entgegen gesetzten Fällen, und Sätzen wahr sey. Kann wohl, setzt Cotta hinzu, etwas ungereimteres erdacht werden, u. s. w.?

Auch hier läßt Gassendi seinen Helden nicht sinken. (Lib. IV. c. 3. 4. de Morib. et Vit. Epic. et Comm. in X. Lib. Diog. p. 1252. 1253.) Epikur (sagt G.) glaubte die Götter wirklich, und ohne Verstellung, wie er sie vertheidigte. Wann er nur aus Furcht vor dem Volke, wie man ihn beschuldigt, das Daseyn von Gottheiten zu glauben vorgegeben hätte; warum sprach er ihnen denn Vorsehung, warum die Regierung der Welt durch

Macht

Macht und Weisheit ab? Die Vorsehung
der Götter läugnen, war nicht weniger gefährlich, als an ihrem Daseyn selbst zu zweifeln. Er erklärt überdem, (Diog. X. 123.)
daß nicht derjenige gottloß wäre, der die
Götter, an die der Pöbel glaubte, aufhöbe,
sondern der die Meinungen des großen Haufens von den Göttern, auf die Gottheit an-
wendete. Ein Philosoph also, der die Vorsehung so kühn läugnete, und die Religion
des Volks für Gottlosigkeit öffentlich erklärte, würde wahrscheinlich mit eben der Offen-
herzigkeit seine wahre Meynung rein heraus
gesagt haben, wenn er wirklich an dem Daseyn göttlicher Wesen gezweifelt hätten. Allein Epikur betete die Götter, als die vor-
trefflichsten, vollkommensten Naturen aus den
reinsten, uneigennützigsten Absichten an; seine
Gottesfurcht war eine kindliche und keine
knechtische Furcht, die weder durch die
Schrecken von Strafen, noch durch die Hoffnung der künftigen Belohnungen hervorgebracht wurde.

Scheinbar ist diese Vertheidigung immer;
man kann aber doch sehr leicht die Ursachen
finden, weswegen Epikur die Vorsehung öffentlich

fentlich läugnen, und den Aberglauben des
Pöbels öffentlich angreifen konnte, ohne sich
Verantwortung zuzuziehen. Die Lehre von
der Vorsehung konnte Epikur nicht in seine
Philosophie aufnehmen, ohne sein ganzes
System ohne Rettung verlohren zu geben, und
seine Verstellung, auch dem einfältigsten
fühlbar zu machen. Alles geschah in der
Welt durch Atomen, durch die Gesetze ihrer
Bewegungen, durch Zufall und Natur; zwi-
schen diese ließen sich auf keine Art, und durch
keine Kunstgriffe waltende Götter einschieben.
Epikur muste also nothwendig die Götter von
der Anordnung und Regierung der Welt entfernen. Diese Verbannung der Götter würde alsdenn eine für den Epikur gefährliche
Meynung geworden seyn, wenn die Priester
und der Pöbel von Athen das zehnte Buch von
Plato's Gesetzen gelesen, oder sonst richtige
Begriffe von der Vorsehung gehabt hätten.
Plato nemlich hatte die Abläugnung der
Vorsehung für einen dem Staat eben so gefährlichen Unglauben, als den erklärtesten
Atheismus ausgegeben. Allein die Athenienser raisonirten nicht wie Plato; sie hatten von
der Regierung der Welt durch die Gottheit,

wie

wie von der Unsterblichkeit der Seelen, so unrichtige, und unvollständige Begriffe, daß sie die Wichtigkeit beyder Lehren nicht einzusehen im Stande waren. Ihr Gewissen sowohl, als Argwohn war besänftigt, wenn sie nur hörten, daß jemand Götter, und zwar solche, als die ihrigen waren, glaubte.

Der Ausfall des Epikurs auf die Religion des großen Haufens, und dessen irrige Begriffe von der Natur der Götter konnte ihm gar nicht gefährlich werden. Alle Philosophen vor ihm, selbst diejenigen, die die Religion der Griechen für wahr hielten, oder doch schonten, hatten wider den Aberglauben des Pöbels im Allgemeinen geeifert; sie blieben aber, wie Epikur, im Allgemeinen stehen, und hüteten sich ins Detail der falschen Götter, und Vorurtheile der Nation hinein zu gehen, weil hier ein jeder Schritt mit Todesgefahr verbunden gewesen wäre.

VII. Im Ernste konnte Epikur gar keine Gottheit behaupten. Er hatte nicht nur gar keine Gründe, aus welchen er das Daseyn derselben hätte schließen können; sondern hob selbst durch das erste Axiom seiner Philosophie

die Möglichkeit göttlicher Wesen auf. Er
nahm (Diog. X. 40. Lucr. I. 440 — 50.)
nur zwey Principia aller Dinge, die Atomen,
und das Leere, an; aufer diesen, ihren Zu-
sammensetzungen, und den daraus entstande-
nen Eigenschaften konnte er sich gar nichts,
gar nicht einmal als möglich denken. Nur
allein die Atomen, das Leere, und das aus
beyden bestehende Universum sind ewig; (III.
Lucr. 807.) alles hingegen, was aus den
beyden erstern zusammengesetzt, oder ein
Theil des Letztern ist, entstand, und ist auch
dem Untergange unterworfen. Epikur mußte
also von folgenden beyden Sätzen nothwendig
einen zugeben: da die Götter weder einzelne
Atomen, noch das Leere, oder das ganze
Universum sind; so müssen sie entweder aus
Atomen, und dem Leeren zusammengesetzt, —
oder gar nichts seyn. Im letzten Falle sieht
ein jeder von selbst, was folgen würde; im
ersten Falle aber, wenn er sie für Concreata
von Atomen hielt, mußte er sie, nach seinem
eigenen Ausspruch, wie alles, was aus Atomen ward, und entstehen wird, für vergäng-
lich halten, und sie daher der Unsterblichkeit berauben, die er als eine nothwendige

bige Vollkommenheit der göttlichen Natur
ansah.

Alles, was ist, sagte Epikur ferner, ist
von selbst durchs Ungefähr; durch die ewigen
Gesetze der Bewegungen entstanden, die den
Atomen eigenthümlich waren. (II Lucr. 1150-
1166.) Diese untheilbare Körperchen
werden durch ihre Schwere zum senkrechten
Falle getrieben, neigen sich aber etwas seit-
werts, begegnen sich, gerathen in Wirbel,
und bilden Welten, sammt denen in den Welten enthaltenen Geschöpfen. Es ist ganz unmöglich, sagt Lucrez, daß selbst die Hand einer Gottheit aus der Unendlichkeit von Atomen, Welten bauen, und nach ihrem Wohlgefallen regieren könne: und Unsinn ist es,
(fährt er fort, V. 1660. et seq.) den Göttern eine so beschwerliche Arbeit aufbürden zu
wollen. Was konnte diese seligen, ewigen
Wesen bewegen, ihren vorhergehenden Zustand zu verlassen, um sich dem mühseligen
Geschäfte eines Weltbaues zu unterziehen?
Nur diejenigen, die mit ihrer gegenwärtigen
Lage nicht zufrieden sind, suchen ihr Leben zu
verändern, und sind begierig nach Neuerun-

gen

gen. So etwas läßt sich aber bey den seligen Göttern nicht denken.

Die Welt selbst, und ihre Einrichtung beweißt, daß sie nicht von Göttern gebauet sey; sie ist viel zu unvollkommen, als daß man sie für das Werk eines, oder mehrer göttlicher Werkmeister halten könnte. Den größten Theil des Erdbodens bedecken unersteiglice, oder unwirthsame Berge, undurchdringliche Wälder, in denen nur reissende Thiere wohnen können, endlich unfruchtbare Meere und Sümpfe. Zwo Zonen der Erde werden durch unerträgliche Hitze oder Kälte unbewohnbar gemacht. Die wenigen übrig bleibende Fruchtfelder würden bald mit Dornen und Disteln überzogen werden, wenn nicht die Arbeitsamkeit des Menschen sich den feindseligen Bemühungen der Natur entgegen setzte. Nur mit dem Schweiße seines Angesichts befruchtet der Mensch die ihm nährende Erde, und doch zerstören sehr oft Sturmwinde, Fluthen, verzehrende Kälte, oder Dürre die blühenden Saaten, die er ihr abgezwungen hat. Wann eine Gottheit die Urheberin dieser Welt wäre, wie wäre es alsdenn möglich, daß der Mensch unvernünftigen Ungeheuern des Feldes, so

wohl

wohl als der Fluthen ein Raub würde? Warum würde er alsdann durch schreckliche Krankheiten heimgesucht, und durch einen den meisten noch schrecklichern Tod vernichtet?

Jetzt werden Menschen sprachlos, nackt
und unfähig ihr Leben zu erhalten, an das
Licht des Tages, wie Schiffbrüchige an das
kaum erreichte Ufer des Meers, geworfen.
Mit Jammer und Thränen tritt der Mensch
in das Leben, das, wegen des unsäglichen
Elendes, eines solchen Anfanges würdig ist.
Alle übrigen Thiere, die die Erde nährt, brauchen weder Spielwerke, noch der süßen
Schmeicheleyen einer wohlthätigen Ernähre-
rin, sie leben ohne Waffen, ohne künstliche
Kleider, ohne Mauern ein kummerloses Leben
durch. In einer Welt, die die Götter eingerichtet hätten, würde der Mensch nicht so ver-
nachläßigt, und den weniger edlen Thieren so
sehr nachgesetzt seyn. (V. 200. seq.)

Alle diejenigen also irrten, welche aus
dem ordentlichen Laufe der himmlischen Körper, aus der regelmäßigen Rückkehr der
Jahrszeiten, und ihrer Früchte den Schluß
zogen, daß eine gütige menschenliebende

Gott-

Gottheit die Erde vorzüglich zu unserm Besten gebaut und eingerichtet habe. (II. 167-
180. V. 1182.) Die Götter sind von den
menschlichen Angelegenheiten unendlich entfernt,
(II. 645.) und wir sowohl, als die ganze
übrige Natur haben keine stolze eifersüchtige
Despoten zu fürchten.

So sehr Epikur es sich angelegen seyn ließ,
die Götter von der Einrichtung der Welt aus-
zuschließen; eben so eifrig bestürmte er die
Vorsehung, und suchte seinen Schülern den
Gedanken zu benehmen, als wann die Götter
an der Erhaltung der Welt und ihren Veränderungen, besonders aber an den guten und
bösen Handlungen der Menschen Theil
nähmen.

Er läugnete die Vorsehung aus zween
Gründen. Die ewigen Götter leben in einem
ununterbrochenen Frieden, und genießen in
der vollkommensten Selbstgenügsamkeit, der
seligsten Ruhe. Ihre Wonne leidet weder
Zuwachs noch Abgang; sie haben von uns
nicht das Geringste zu hoffen, oder zu fürchten: unsere guten Handlungen nützen ihnen
so wenig, als ihnen unsere bösen Thaten schä-
den:

den; warum sollten sie sich also im geringsten um uns bekümmern? (II. 645. seq. V. 165. et seq.) — Epikur mahlt seine Götter so intereßirt, und in einem solchen Zustande von Glückseligkeit, als wenn er die Ideale morgenländischer Despoten hätte entwerfen wollen.

Man kann die Götter zweytens nicht mit der Erhaltung und Regierung der Welt, nicht mit der Aufmerksamkeit und Theilnehmung an unsern Handlungen beläftigen, ohne ihnen ihre ungestörte Glückseligkeit zu rauben. Eine solche Vorsehung würde beschwerliche Geschäfte und Sorgen, Bewegungen des Zorns und des Beyfalls nach sich ziehen, die sich nicht mit einem allseligen, sondern nur mit schwachen Wesen vertragen, die unbefriedigte Bedürfnisse haben. Die Gottheit bekümmert sich gar nicht um die Angelegenheiten anderer, und läßt übrigens die Menschen schalten und walten, wie sie wollen (X. Diog. 77. 139. seq.) Man sehe hierüber einige Betrachtungen des Cicero de Nat. Deor. I. 44.)

Nur alsdenn, sagt Epikur, (X. Diog. 81. 82.) kann man glücklich leben, wenn

man

man die Götter von der Regierung der Welt
ganz entfernt, und den Gedanken von stets
wachsamen, zornigen, strafenden Oberherrn
aus dem Gemüthe vertilgt hat. Für beydes
dankte der Epikuräer seinem Meister, als für
die größte, dem menschlichen Geschlechte er-
zeigte Wohlthat. Die Lehre von der Vorsehung hielten sie für die Hauptquelle alles
menschlichen Elendes (V. Lucr. 1192.)

O genus infelix! talia Diuis

Cum tribuit facta, atque iras adiunxit
acerbas,

Quantos tum gemitus ipsi sibi, quan-
taque nobis

Volnera, quas lacrymas peperere minori-
bu' nostris.

VIII. Wann die Meynung, daß Epikur
wirklich keine Götter glaubte, und glauben
konnte, durch das bisher gesagte nur wahrscheinlich geworden ist; so wird sie durch die
nachfolgenden Betrachtungen, über die Art,
wie er den Ursprung der Begriffe von Göttern
erklärte, über seine Beweise für ihr Daseyn, seine Gedanken über die Substanz, Eigenschaften,

ten, und Sitze der Götter, einen solchen
Grad von Gewißheit erhalten, als man bey
historischen Untersuchungen nur verlangen
kann.

Epikur gieng in seiner Theologie, dem
äusern Anscheine nach, eben so zu Werke, als
die übrigen Griechischen Philosophen. Er erklärte nicht nur die verschiedenen Entstehungs-
arten der Begriffe von Göttern, sondern
brachte für das Daseyn göttlicher Naturen
auch Beweise vor. Zu den Vorstellungen von
übermenschlichem Wesen (sagte Epikur Lucr.
V. 1160 - 1192. Sextus adu. Math.
IX. 25.) sind die Menschen auf zween Wegen
gekommen: sie sahen den regelmäßigen Gang
der himmlischen Körper, und der Jahrszeiten,
wußten sich die Ursachen dieser Erscheinungen
nicht anzugeben, und nahmen daher zu Göttern ihre Zuflucht, durch deren Wink die Ster-
ne in ihren Kreisen geleitet, und die Wechsel
der Zeiten veranstaltet würden. — Noch allgemeiner und wahrscheinlicher aber schien ihm
folgende Entstehung des Glaubens an göttliche Naturen zu seyn. Die Menschen sahen
wachend sowohl, als im Traume, menschenähnliche Gestalten von wunderbarer Schön-

G 5                                        heit.

heit. Diesen gaben sie Leben, Bewegung,
und Empfindung, weil sie ihre Stimmen hörten, und ihre Glieder sich bewegen sahen.
Sie hielten sie für unsterblich und mächtig,
weil sie ihnen immer auf dieselbige Art erschienen, und auserordentliche, menschliche
Kräfte übersteigende Wirkungen von ihnen
hervorgebracht sahen.

Diese lezte Erklärung des Ursprungs unserer Begriffe von Gott wird nicht eher deutlich, als bis man Epikurs Theorie von den
aus Atomen sich bildenden, oder von allen
Körpern sich ablösenden Gestalten, und Bildern (simulacra, imagines, εἴδωλα) kennt,
und zugleich weiß, was Demokrit von der
Göttlichkeit gewisser Arten der sich selbst bildenden Gestalten gesagt hat. Ich will daher
beydes kurz auseinander setzen.

Nach dem Sextus (adu. Math. IX. 19.
42.) glaubte Demokrit, daß gewisse große
menschenähnliche aus Atomen gebildete Gestalten, sich den Sterblichen näherten. Er nahm
ihrer zwo Arten, sowohl gutthätige, und
menschenfreundliche, als bösartige, und
schädliche an, und wünschte daher nur von
gütigen

gütigen Gestalten besucht zu werden. Beyde
wären von ungeheuerer Größe; zwar lang
daurend, aber nicht unvergänglich und ewig.
Sie zeigten den Menschen durch ihre Erscheinungen sowohl, als durch gewisse Stimmen,
die Zukunft an. Von diesen großen aus Atomen zusammengeflossenen Gestalten hätten die
ersten Sterblichen ihre Begriffe von Göttern ge-
schöpft; außer ihnen gäbe es weiter keine göttliche unzerstörbare Natur.

Cicero weicht in der Beschreibung dieser
göttlichen Bilder des Demokrits vom Sextus
ab, ist aber viel weniger deutlich, als dieser,
und scheint in den beyden Hauptstellen nicht
einmal mit sich selbst übereinzustimmen.
(de Nat. Deor. I. 12. 43.) Demokrit (sagt
er in der ersten Stelle durch den Mund des
Epikuräers Vellejus) setzt bald gewisse Bilder,
und deren Umrisse; bald die Natur, die diese Bilder ergießt; bald unsere Vernunft und
Denkkraft in die Zahl der Götter. Selbst
Demokrit (sagt Cotta in der andern) aus dessen Quellen Epikur seine Gärten gewässert hat,
scheint mir in seinen Begriffen von der Natur
der Gottheit zu wanken. Bald glaubt er,
daß gewisse mit göttlichen Vorzügen begabte
Bil-

Bilder in diesem Universo existirten; bald hält
er gewisse Grundwesen (principia: der Ausdruck ist höchst unbestimmt, und unverständ-
lich) und denkende Naturen für Götter; dann
wiedrum gewisse beseelte Gestalten, die sowohl
nutzen als schaden könnten; und endlich gewisse Bilder von so ungeheuerer Größe, daß
sie das ganze Universum von ausen umfaßten.
— Cicero hat hier aller Wahrscheinlichkeit
nach vier verschiedene Ordnungen göttlicher
Wesen angenommen, wo er nur zwo hätte
annehmen sollen. Die erste, dritte, und vier-
te Art von Bildern, die er unterscheidet, waren, nach dem Demokrit, im Grunde alle einerley; er machte aus ihren verschiedenen Eigenschaften, aus Göttlichkeit, Empfindlichkeit, und Größe, so viele Gattungen un-
gleichartiger göttlicher Bilder. Er vergaß
ferner, die Natur wiederum in der Aufzählung der Demokritischen Götter zu erwähnen,
die Vellejus, als eine Gottheit des Demokrits
vorher angeführet hatte, und saget uns auch
nicht, was wir aus dem Sextus wissen, daß
der Philosoph von Abdera seinen göttlichen
Gestalten eine menschliche Form gab.

Schon

Schon Demokrit also nahm gewisse menschenähnliche, aus Atomen gebildete Gestalten
an, denen er Bewegung, Empfindung, Dauerhaftigkeit, und göttliche Vorzüge zugestand:
er leitete, wie Epikur, aus ihren Erscheinungen, und Wahrsagungen die Entstehung der
unter allen Menschen verbreiteten Begriffe
von Göttern, und übermenschlichen Wesen ab.

Aus Mangel von Nachrichten läßt sich
aber jetzt nicht mehr bestimmen, ob Epikur
auch das übrige seiner Theorie von den Simulacris aus den Schriften des Demokrits
entlehnet habe.

Der Erstere behauptete zwo Arten von
Bildern, wovon die eine sich von der Oberfläche der Körper ablösete, und ganz genau
die Form derselben beybehielt; (Lucr. IV.
35.) die andere hingegen sich von selbst in der
Luft bildete, und mit einer unglaubigen Geschwindigkeit alle Arten von Figuren annäh-
me (IV. 130. Epicur. ap. Diog. X. 46-
51. s.) Die Simulacra der erstern Art flössen
unaufhörlich von der Oberfläche der Körper
nach allen Seiten ab, giengen unverletzt, wegen ihrer Feinheit, durch lockere Körper durch,
wur-

würden von glatten Solidis unverſehrt zu-
rückgeworfen, von rauhen, und ſcharfen hingegen gebrochen und verſtümmelt. Sie
durchſtößen unermeßliche Räume in einigen
Augenblicken, und wären durch ihre Einwirkungen auf unſere Augen die einzigen Urſachen, daß wir die Gegenſtände auſer uns in
ihrer wahren Geſtalt erblickten, wenn ſie ſelbſt
unverletzt wären; im entgegen geſetzten Falle aber, wenn die Simulacra durch irgend einem Zufall zerriſſen und verſtümmelt
würden, auch allein ſchuld, daß wir die
Körper ganz anders wahrnähmen, als ſie
auſer uns exiſtirten: unſere Augen trögen
daher niemals, ſie zeigten uns die Simulacra
unverletzt, oder gebrochen, wie ſie ſie empfangen hätten: allein die Simulacra ſelbſt
entſprächen nicht immer den Gegenſtänden,
von denen ſie ſich losgeriſſen hätten, und man
müſſe dahero nicht in einem jeden Falle aus
den Simulacris, und den Eindrücken derſelben auf die wahre Geſtalt der äuſern Körper
ſchließen.

Die Simulacra der zwoten Art, die ſich
ſelbſt bildeten, waren nach dem Epikur (IV.
732.) ungleich feiner als die erſtern; ſie
be-

bewegten nicht blos das Auge, sondern drun=
gen bis zum Sitz der Seele durch. Ihre
Entstehung leitete er entweder aus der Verei=
nigung unzähliger in der Irre herumfliegen=
der Atomen, oder von dem Zusammenflusse
mehrerer verstümmelter Simulacrorum ab,
die sich von wirklichen Körpern abgelöset hät=
ten. Durch diese von selbst gebildete, oder
aus andern verstümmelten zusammengeflosse=
ne Simulacra erhielten wir die Vorstellungen
von Scyllen, Centauren, andern nirgends
existirenden Monstris, — und so auch von
Göttern. Die Bilder, wodurch die Men=
schen zuerst die Begriffe übermenschlicher We=
sen faßten, waren entweder durchs Ungefähr
zusammen geblasen, oder auch von den Kör=
pern der Götter wirklich abgeflossene Si=
mulacra (VI. 76. Lucr.).

Epikur konnte also die Entstehung der
Begriffe von Göttern erklären, ohne selbst
an Götter zu gläuben. (Cic. de Nat. Deor.
I. 38. et Sextus IX. 49.) Auch bey ihm
galt der Schluß von dem Begriffe eines Din=
ges auf die Wirklichkeit nicht, weil er viele
Simulacra annahm, die nicht Abdrücke wirk=
licher Gegenstände waren. Allein Epikur er=
klärte

klärte nicht bloß die Entstehungsart unserer
Begriffe von Göttern, sondern brachte, wenigstens dem Scheine nach, Beweise für ihr
Daseyn vor, und setzte ihre Substanz sowohl
als Eigenschaften aus einander.

Der erste Beweis für das Daseyn der
Götter steht beym Cicero. (de Nat. Deor. II.
16. 17.) Alle Menschen, sagte Epikur, ohne Ausnahme, haben in ihren Seelen tief ein-
gedrückte Vorstellungen von göttlichen Wesen,
(προληψις, anticipatio, praenotio, prae-
cepta rei informatio) die unmöglich durch
Unterricht zuerst entstanden, und verbreitet
seyn, und eben so wenig durch die Macht der
Gesetze allein erhalten werden können. Es
müssen also nothwendig solche göttliche Naturen! seyn, dergleichen das ganze menschliche
Geschlecht mit einer so allgemeinen und fort-
dauernden Ueberzeugung glaubt.

Diese Προληψεις, aus deren Allgemein-
heit Epikur auf das wirkliche Daseyn der
Götter schloß, waren nicht angebohrne Begriffe, wie Vellejus beym Cicero sich etwas
zu stark ausdrückt, (quoniam insitas eorum,
vel potius *innatas* cognitiones, habemus,)
son-

sondern. Vorstellungen abwesender Gegenständ-
be, Ueberbleibsel der Eindrücke, die wir von
äusern Körpern durch unsere Sinne erhalten.
(Dion. X. ſ. 33. *) Er unterſcheidet, wenigſtens dann und wann ἐπινοιας von πϱοληψεις: jene, die ἐπινοιαι (notitiae) waren alsdenn die Senſationen ſelbſt, die die
Gegenſtände auſer uns durch, und während
ihrer Einwirkungen auf unſere Sinnen hervorbringen: πϱοληψεις hingegen die zurückbleibenden Begriffe von Gegenſtänden, die
unſern ſinnlichen Werkzeugen ſelbſt nicht mehr
gegenwärtig ſind. (X. 32. Diog.) Er nannte
ſie auch δοξας, καταληψεις, νοησεις ἐνα-
τω κειμενας (ſ. 33.)

Vielleicht kommt es einem jeden Leſer ſon-
derbar vor, daß Epikur hier aus der Allge-
meinheit der Begriffe von Göttern den Satz
von ihrem wirklichen Daſeyn folgert, da er
ſich ſonſt nicht den Schluß von der Denkbar-
keit eines Gegenſtandes auf deſſen Realität

er-

---

*) Την δε πϱοληψιν λεγουσιν - - - μνημην τι
πολλακις ἐξωθεν φανεντος,

erlaubte. Allein Epikur konnte der Ausnah=
me, die er hier machte, selbst aus seinem
Kriterio für die Wahrheit der Vorstellungen
abwesender Gegenstände (πρ=λη̕ψεων) einen
Anstrich geben. Er nannte nemlich alle Be=
griffe abwesender Gegenstände alsdenn wahr,
oder den Dingen auser uns auf das Genaüe=
ste entsprechend, wenn sie durch andere sinn=
liche Eindrücke und Erscheinungen nicht nur
nicht widerlegt, sondern auch bestätigt wür=
den. *) (X. Diog. 34.) Von dieser Art
(konnte er sagen,) müssen die Begriffe, die wir
von Göttern haben, nothwendig seyn, weil
sie sich in allen Menschen und Völkern, in
Gelehrten und Ungelehrten, in Rohen und
Ausgebildeten finden. Sie müssen durch alle
unsere übrige Wahrnehmungen nicht wider=
legt, sondern bestätiget werden, weil sie sonst
weder so allgemein geworden wären, noch sich
allenthalben so lange erhalten hätten. Velle=
jus konnte also den Schluß, den ich in der
Note

---

*) Την δε δοξαν, και υποληψιν λεγουσιν. αληθε
τι φασι, και ψευδη· αν μεν γαρ επιμαρτυ-
ρηται, η μη αντιμαρτυρηται, αληθη ειναι.

Note anführe, aus der Kanonik des Epikurs
selbst rechtfertigen. *) (de Nat. Deor. I. 17.)

Epikur hielt nicht einmal die Phantaſien
raſender, und die Träume ſchlafender Perſonen für ganz falſch (X. Diog. 32.) ſie ſetzten, ſagte er, immer Bewegungen der Seele,
und dieſe wiederum von auſen herkommende
Eindrücke voraus, weil das Nichts gar
keine Veränderungen hervorbringen könne.
Die Phantaſien der Raſenden und Schlafenden würden beyde durch wirkliche Bilder, die
die Seele berührten, erregt, und wären deswegen den ſinnlichen Eindrücken ſo ähnlich,
nur etwas ſchwächer, weil die afficirende Simulacra ſelbſt von feinerm Stoffe wären.
(IV. 753. Lucr.) So wenig man aber

H 2                          beyde

*) Cum enim non inſtituto aliquo, aut more,
aut lege ſit opinio conſtituta, maneatque
ad vnum omnium firma conſenſio : intelligi neceſſe eſt, eſſe Deos, quoniam inſitas
eorum, vel potius innatas cognitiones habemus. De quo autem omnium natura
conſentit, id verum eſſe neceſſe eſt. Eſſe
igitur Deos, confitendum eſt.

beyde für ganz falsch erklären könnte; so wenig könnten sie auch ganz wahr genennt werden, weil ihre Ursachen, die Simulacra,
keinem wirklichen Gegenstande in der Natur
entsprächen, nicht von wirklichen Körpern
sich abgerissen hätten.

Cicero scheint den Beweis des Epikurs
für das Daseyn der Götter aus den Begriffen
der Menschen nicht recht verstanden zu haben.
Er sieht nemlich die προληψεις des Epikurs,
als angebohrne, und der Seele ohne vorher
gegangene Eindrücke, von der Natur selbst
mitgetheilte Begriffe an; und leitet die Allge-
meinheit der Begriffe von göttlichen Naturen,
besonders die Vorstellung der Götter unter
menschlichen Gestalten, von einem allgemeinen Hange des menschlichen Geistes zu einer
solchen Vorstellungsart, ab. (Lib. I. de Nat.
Deor. 17. 23. 27.) Epikur behauptete weder angebohrne Begriffe, noch gewisse aner-
schaffene Neigungen zu etwas, und konnte sie
auch nicht behaupten, weil alle Begriffe und
Neigungen nach seinem System aus den Eindrücken der Gegenstände, und deren Bilder,
auf unsere Sinne, oder die Seele selbst entstanden.

Diese

Dieser erste Beweis des Epikurs für das Daseyn von Göttern scheint aus dem System des Epikurs selbst zu fließen, und eben daher auch ernstlich zu seyn. — Allein Epikur ließ den allgemeinen Glauben der Menschen, anderswo nicht als einen gültigen Beweisgrund für die Wirklichkeit einer Sache, und für die Wahrheit eines Satzes gelten, und verwarf ihn in ungleich mehrern Fällen, als er ihn annahm. Er lachte über Vorsehung und Religionen; über alle gottesdienstliche Gebräuche, über Weissagungen und Seelenunsterblichkeit, ungeachtet alle von eben so vielen Völkern, und eben so allgemein, als das Daseyn der Gottheit verbreitet, geglaubt und aufgenommen waren. Er entfernte sich in den meisten Theilen seiner Philosophie so sehr von den gemeinen Begriffen, und den gewöhnlichen Denkarten des größern Haufens, daß er fast alle seine Grundsätze hätte aufgeben müssen, wenn er die Uebereinstimmung aller, in so fern es eine solche giebt, als ein untrügliches Merkmal der Wahrheit, im Ernste angesehen hätte.

Der zweyte Beweis für das Daseyn der Götter war aus einem, dem Epikur ganz ei-

gen-

genthümlichen Gesetze der Natur, dem Ge=
setze des Gleichgewichts hergenommen, wel=
ches er ισονεμια nennte, und Cicero durch
aequilibritas, aequalis tributio übersetzt,
(de Nat. Deor. I. 19. 39.) Nach diesem Ge=
setze der Isonomie, (sagte Epikur) wäre einer
jeden Art von Dingen eine andere von entge=
gen gesetzten Kräften und Eigenschaften entge=
gen gestellt. Der Stoff der Natur wäre so un=
erschöpflich und unendlich, daß sie zu gleicher
Zeit die ungleichartigsten Gegenstände hervor=
zubringen im Stande sey. Weil es also eine
zahllose Menge sterblicher Geschöpfe gebe; so
müsse es nach dem Reichthum der Natur, und
dem sonst allenthalben beobachteten Gesetze der
Isonomie, eine eben so zahllose Menge un=
sterblicher Wesen oder Götter geben.

Cicero ist, so viel ich weiß, der einzige
Schriftsteller des Alterthums, der dieser Iso=
nomie erwähnt, und aus ihr, nach Anleitung
des Epikurs, einen Beweis für die Existenz
der Götter hernimmt. Er erklärt sie nicht
deutlich genug, und verschweigt auch zu sehr
die Beobachtungen und Gründe, womit Epi=
kur dies Gesetz des Gleichgewichts bestätigte,
als daß man im Stande seyn sollte, zu be=
stim=

ſtimmen, mit wie wahren, oder verſtellten
Ernſte er aus der Iſonomie das Daſeyn der
Götter ableitete. Als ein allgemeines Natur-
geſetz konnte Epikur die Iſonomie nicht anſehen, weil er ſonſt bey der Unendlichkeit unzer-
ſtörbarer Atomen, und vergänglicher Welten,
gleichfalls eine Unendlichkeit trennbarer Körperchen und unvergänglicher Welten hätte zugeben müſſen, und zwar nach eben der Me-
thode, nach welcher er aus dem Daſeyn unzähliger ſterblicher Geſchöpfe auch das Daſeyn
von unſterblichen Naturen ſchloß.

IX. Die vom Epikur angeführten Beweis-
gründe für das Daſeyn der Götter werden
ſchwerlich jemanden überzeugen, daß ſeine Abſichten ernſtlich geweſen ſind. Der ſich immer verſtärkende Verdacht, wider die Auf-
richtigkeit ſeiner Abſichten wird durch ſeine
Behauptungen über die Subſtanz, die Vollkommenheiten, und Sitze ſeiner Gottheiten
noch mehr beſtätiget werden.

Die Götter, ſagte Epikur, (de Nat.
Deor. I. 18. 19. 37-39. Diog. X. 139.)
haben alle eine menſchenähnliche Geſtalt, weil
die Form des menſchlichen Körpers die ſchön-

H 4 ſte

ſte unter allen möglichen iſt, nur in dieſer Vernunft wohnen, ohne Vernunft keine Tugend,
und ohne Tugend keine Glückſeligkeit ſtatt finden kann. Wenn alſo die Götter ſchön,
weiſe, glücklich ſeyn ſollen; ſo müſſen ſie eine
den Menſchen ähnliche Figur haben, in wel-
chet allein dieſe Vollkommenheiten ſich zuſam-
men finden können. Sie ſind, fuhr er fort,
ewig, aber nicht unveränderlich und unwandelbar; ſie ſind nicht, wie die Atomen, un-
durchdringlich, und beſtehen nicht, wie dieſe,
aus einer ſtets gleichen Anzahl unzertrennlicher
Theile; *) ſondern verlieren in einem jeden
Augen-

*) Epicurus autem docet, eam eſſe vim et
naturam Deorum, vt primum non ſenſu,
ſed mente; nec ſoliditate quadam, nec ad
numerum, vt ea, quae ille propter firmi-
tatem ϛιϱιμνια appellat, ſed imaginibus,
ſimilitudine, et tranſitione perceptis: cum
infinita ſimillimarum imaginum ſpecies ex
innumerabilibus indiuiduis exiſtat, et ad
Deos affluat. (Diog. X. 139.) Τας Θεους
λογω θεωρητους ειναι' ους μεν, κατ' αριθμον
ιφι-

Augenblicke eine unzählige Menge von Theilen,
die aber durch eben so viele zufließende ähnliche Atomen und Bilder wieder ersetzt werden.
Ihre Substanz ist daher in einem unaufhörlichen Flusse, in nie ruhenden Verwandelun-
gen, unter denen aber die Götter doch stets
fortdauren; weil der Verlust, den sie leiden,
durch einen gleichen Gewinn neuer Theile ersetzt wird. Der Stoff, aus welchem sie bestehen, ist so fein, daß er von keinem unserer
äusern Sinne, sondern nur allein von der
Seele, und kaum von dieser wahrgenommen
werden kann. (Cic. et Diog. ll. cc. et Lucr.
V. 149. seq.) Sie haben keine Körper, sondern nur etwas den Körpern ähnliches: nicht
wahres Blut, sondern etwas dem Blut ähnliches. *) Uebrigens finden sich unter den

H 5      Göt-

---

ὑφισοτας ὡς δε, κατα ἀμοιβιαν ἐκ τῆς συ-
νεχας ἐπιρρυσεως των ὁμοιων ἰδωλων ἐπι το
ἀυτο, ἀποτιτελισμενας ἀνθρωποιδως. Diese Stelle ist offenbar verdorben: statt ὡς μεν,
ὡς δε, muß stehen: ὠ μεν, ἀλλα.

*) Nec tamen ea species corpus est, sed quasi

cor-

Göttern Geschlechter, wie unter den Menschen; es giebt männliche und weibliche Gottheiten.

Ich zeige hier nicht die Unzulänglichkeit
seiner Beweise für die menschenähnliche Gestalt
der Götter, die Cicero in seiner Widerlegung
durch den Cotta genug dargethan hat, sondern schränke mich blos auf die Widersprüche
ein, die seine Beschreibung der Götter mit
seinen übrigen Grundsätzen macht. Die Götter des Epikurs waren nicht wirkliche Körper,
das heißt, solche Concreta aus Atomen, die
wir mit unsern äusern Sinnen wahrnehmen
können; sondern Simulacra der zwoten Art,
die wegen ihrer auserordentlichen Feinheit bis
zur Seele selbst durchdringen, und nur ihr
allein sichtbar sind. Nicht darüber also wun-
dere ich mich, daß er seinen Göttern, oder
göttlichen Bildern quasi corpora und quasi
sanguinem gab, (denn eben das mußte er von
allen übrigen Simulacris sagen) allein das
begreife ich nicht, wie er das Herz haben konnte,

corpus: nec habet sanguinem, sed quasi
sanguinem.

te, sie für ewig und unvergänglich auszuge-
ben. Sie bestanden, wie alle Körper, und
von diesen abfließende, oder sich selbst bilden-
de Simulacra, aus Atomen; und allen Zu-
sammensetzungen aus diesen unzerstörbaren
Grundtheilgen hatte er in den oben angeführten Stellen die Unsterblichkeit ohne Ausnahme
abgesprochen. Er gründete die Ewigkeit der
göttlichen Bilder freylich nicht auf Impene-
trabilität, nicht auf Unwandelbarkeit, sondern
auf eine der Einbuß genau entsprechende Er-
gänzung; allein warum hatten die Simulacra der Götter allein, und sonst keine das
ausschließende Privilegium, unter steten Verwandlungen ihrer Substanz doch nie gänzlich
aufgelöst zu werden? Warum gab die alles
zermalmende Natur sich allein bey ihnen die
Mühe, ihnen so viele Atomen wieder zuzufüh-
ren, als sie verlohren hatten? Durch welche
Kraft getrieben eilten die Atomen den Simulacris der Götter zu, um die Plätze der abge-
gangenen wieder einzunehmen? Epikur beant-
wortete keine einzige von diesen Fragen, und
Schwierigkeiten, und konnte sie auch aus keiner der wesentlichen Eigenschaften und Grund-
kräfte seiner Atomen erklären.

Die

Die einzigen Vollkommenheiten, die Epikur in der göttlichen Natur fand, waren Unsterblichkeit, und Seligkeit; er druckte sie daher auch gewöhnlich ( X. 139. Diog.) durch
die beyden Wörter μακαριον και αφθαρτον,
beatum et immortale, aus. Ich habe
schon gezeigt, mit welchem Grunde er die
Gottheit für unsterblich halten konnte, und
theile daher nur noch einige Bemerkungen über ihre Seligkeit mit. Die Götter
(sagte er de Natur. Deor. I. 19. 40. c.) leben
in einer ewigen Ruhe, in einem nie unterbrochenen Frieden, der mit allen nur erdenklichen
Gütern begleitet ist. Ohne alle Wirksamkeit,
und mühselige Beschäftigungen genießen sie
ihrer Tugend und Weisheit, und leben in
der wonnevollen Ueberzeugung, daß sie sich
alle Ewigkeiten durch mit den größten Vergnügungen weiden werden. — Diese Beschreibung des Götterlebens enthielt alle Bedingungen, die, seinem Urtheile nach, zur
höchsten Glückseligkeit erfordert werden: Ruhe, Abwesenheit des Schmerzes, Genuß der
ausgesuchtesten Freuden, feste Ueberzeugung,
daß diese Freuden nie aufhören werden. Allein Epikur entwarf diese idealische Schilde-
rung

rung des seligsten Lebens, und wandte sie auf
seine Götter an, ohne zu untersuchen, oder
untersuchen zu wollen, ob seine Götter auch
eines solchen Lebens fähig wären. Sie haben
keine Körper, sondern nur Schattenrisse von
Körpern: nicht wahres Blut, wirkliche Nerven und Muskeln, sondern von allen diesen
nur Nachbildungen. Wir aber konnten nun
diese göttlichen Simulacra ohne Blut, Nerven
und Muskeln leben? wie empfinden, und
glücklich seyn? Und, wenn sie Vergnügen
empfänden, wie sich allen Schmerzen und
unangenehmen Eindrücken entziehen? Woher
hatten sie die Versicherung, daß ihre Glückseligkeit ewig dauren, und durch kein Ungemach
jemals verbittert werden würde? Wie war
es möglich, daß sie bey einem steten Abgan-
ge und Zuflusse von Theilen, bey so heftigen
fortdaurenden Verwandlungen ihrer ganzen
Substanz, sich in einer so seligen ungestörten
Ruhe behaupten konnten, als er ihnen zu-
schreibt? Wie konnten endlich diese Simulacra Tugend und Weisheit besitzen, und durch
beyder Genuß glücklich seyn? Lauter Schwierigkeiten, und Widersprüche, die Epikur unmöglich alle übersehen, vielweniger auflösen konnte.

Eben

Eben so streitend mit seinen übrigen Grundsätzen waren die Zwischenräume der unzähligen Welten, in denen die seligen Götter des Epikurs, ihre, allen Geschäften und Unbequemlichkeiten unzugängliche Wohnungen aufgeschlagen hatten.

Cicero erwähnt ihrer einigemal (de Fin. II. 23. de Nat. Deor. I. c. 12.) Seneca giebt davon die prächtigste Beschreibung, die ich hier hersetzen will (de Benef IV. 19.) Du machst Gott ganz wehrlos, Epikur, du hast ihm alle Waffen, alle Macht geraubt, und um ihn niemanden furchtbar zu machen, zur Welt hinaus geworfen. Warum solltest du ihn jetzo fürchten, da du ihn mit einer größen, undurchdringlichen Mauer umzäunt, und von der Gemeinschaft, und dem Anschauen der Sterblichen entfernt hast? Mitten in den Zwischenräumen dieses, und eines andern Himmels sitzt er verlassen da ohne Menschen, ohne Thiere, ohne andere Geschöpfe, um sich zu haben, und sucht nur den Trümmern der über und um ihn stürzenden Welten auszuweichen; ohne unser Bitten zu hören, und sich um uns zu bekümmern; u. s. w. Diese Reihe von Bildern, die Seneca mit so ausserordentlicher Stärke hin-

hinmahlt, befriedigt die Einbildungskraft so
sehr, daß man Anfangs nicht einmal daran
denkt, die Uebereinstimmung derselben mit den
übrigen Lehren des Epikurs aufzusuchen. —
Seneca hatte vermuthlich folgende Verse des
Lucrez im Sinne, die dieser dem Vater der
Dichter entwandt, und verschönert auf seinen
Gegenstand angewendet hat. (III. 16.)

moenia mundi
Discedunt. Totum video per inane
gerirer.
Apparet diuinum Numen, sedesque
quietae:
Quas neque concutiunt venti, neque
nubila nimbis
Adspergunt, neque nix acri concreta
pruina
Cana cadens violat; semperque innubi-
lus Aether
Integit, et large diffuso lumine ridet.
Omnia suppeditat porro natura, neque
vlla
Res animi pacem delibat tempore in vllo.

Aus welcher Materie konnte Epikur diese
unzerstörbaren Mauern bauen, mit welchen

er

er seine Götter umgeben, und gegen die Ruinen zerschmetterter Welten in Sicherheit zu stellen gesucht hat? Atomen konnte er nicht dazu brauchen; die können in einem einzigen Augenblicke, und wenn sie auch in Weltenmassen zusammen gehäuft sind, aus einander gehen, und die sorglosen Götter mit ins Verderben ziehen. Bestanden sie aber in leeren Räumen, in deren Nachbarschaft die Natur noch keine Sonnen und Himmelskörper gebildet hatte; so konnte er es doch nicht als unmöglich annehmen, daß Oerter, die noch keinen Körpern den Durchgang gestattet hatten, in der Folge von keinem würden erreicht werden. Die Atomen waren unendlich an Zahl, und nahmen durch das Clinamen sowohl, als durch die Zurückprallung, solche Wege, die er gar nicht bestimmen konnte. Er hat also auch hier die Einbildungskraft auf Kosten der forschenden Vernunft zu hintergehen gesucht.

Wenn man diese groben, und gleich in die Augen fallende Widersprüche in allen, was Epikur von den Göttern sagte, zusammen nimmt, so kann man wohl nicht länger zweifeln, daß Epikurs Theologie nur dazu erfun

den

ben war, um sich durch ein gar zu freyes
Bekenntniß seiner wahren Meynung keine
Ungelegenheiten zuzuziehen. Quidquid enim
horum attigeris, vlcus est. Ita male in-
stituta oratio exitum reperire non potest.
Um aber Priester und Pöbel zu hintergehen,
hatte er seine Götter vortreflich und zweckmäs-
sig eingerichtet. Sie waren selig und unsterblich, wie die Götter des Olymps: hatten menschenähnliche Figuren, erschienen und
näherten sich dem Menschen, und wohnten in
Zwischenräumen von Welten, die dem Olymp
des Homers durchaus ähnlich waren. Durch
so viele Uebereinstimmungen seiner Lehren mit
dem allgemeinen Glauben der Griechen konnte
er die Aufmerksamkeit leicht von den Abweichungen abziehen: er durfte überhaupt mehr
wagen, als ein anderer, weil er in irgend
einem Briefe (Senec. Epist. 79.) selbst ge-
stand, daß er in dem so berühmten Griechen-
lande so unbekannt gelebt habe, daß man
kaum seinen Namen gekannt hätte.

## III.

### Ueber die Apathie der Stoiker.

Zeno der Stifter der stoischen Schule, hat Schicksale erfahren, die denen des Epikurs ganz entgegen gesetzt sind. So wie nemlich die Philosophie des Letztern von dem besser denkenden Alterthume zu sehr verachtet, und herunter gesetzt, in neuern Zeiten aber zu eifrig vertheidigt und verschönert wurde; so ist das System des Erstern unter Griechen und Römern am allerstärksten bewundert, in dem letzten und gegenwärtigen Jahrhunderte hingegen am meisten gemißdeutet, verstümmlet und ohne Barmherzigkeit, als eine Sammlung der gefährlichsten Irrlehren verdammt worden.

Die Alten stellten die Stoiker an die Spitze aller dogmatischen Partheyen, und hielten ihre Philosophie für die einzige und sicherste Schutzwehr gegen die Anfälle der Zweifler, der Lehrer von der neuern Akademie, und der spitzfindigen Zänker, deren Hauptgeschäft die Erfindung quälender Trugschlüsse war. Man bewunderte ihr System nicht nur, als das bündigste und zusammenhängendste unter allen, die

die von Griechen erfunden worden, sondern
man verehrte es auch, als das rechtgläubig-
ste, das die öffentlichen Gesetze und vaterlän-
dische Religion gegen die Vernünfteleyen und
Einfälle freygeisterischer Spötter in den kräf-
tigsten Schutz nahm.

Die Resultate der Untersuchungen neuerer
Geschichtforscher sind den Urtheilen des Alterthums gerade entgegen gesetzt. Thomasius,
Gassendi, Baile, Buddeus und Brucker behaupten: die Philosophie der Stoiker wäre
weiter nichts, als eine Sammlung unnützer
Spitzfündigkeiten, die durch die sonderbare
Einkleidung in neue und unverständliche Wörter noch unerträglicher würden; oder auch ein
zusammenhängendes Gewebe der größten
Gottlosigkeiten, die zwar durch einen Anstrich von Frömmigkeit und Orthodoxie über-
tüncht, aber eben deswegen desto gefährlicher
wären. Ihre Tugend sey, eben wie ihr ein-
gebildeter Weiser, ein eitles leeres Traumge-
sicht: jene zerstöre die menschliche Natur, indem sie ihre Kräfte zu überspannen suche. —
Kein Umstand aber wurde der stoischen Philosophie nachtheiliger, als die zwischen ihr und

J 2 der

der christlichen Religion entdeckte Aehnlichkeit.
Man behauptete, daß die Stoiker, um ihren
Gift desto heimlicher mitzutheilen, und sich
an eine siegende Religionsparthey desto besser
anzuschließen, hinterlistiger Weise aus den
heiligen Schriften unsers Glaubens Ausdrücke
und Lehren entwandt hätten.     Ihre Philosophie war allein so unglücklich, daß der
Werth derselben nach der Uebereinstimmung,
oder dem Widerspruche mit einer Dogmatik
bestimmt wurde, die so wenig hier, als in
ähnlichen Fällen zum Kriterio angenommen
werden sollte.     Der einmal rege gewordene
Argwohn, von Männern, deren größtes Verdienst Rechtgläubigkeit war, fand nicht blos
die Irrthümer, deren die Stoiker wirklich
schuldig waren, sondern verzerrten die besten
Grundsätze durch wissentliche oder unwissent-
liche Mißdeutungen in Gottlosigkeiten, um
desto dreister verdammen zu können.

Ich kann nicht läugnen, daß es mir allemal wehe thut, wenn ich die Stoiker, und
ihre Philosophie so gemißhandelt sehe, da
Griechenland ihnen so viel rechtschaffene Männer, Rom seine Ausbildung, seine besten Gesetze, die größten Helden, Patrioten, Staats-

männer

männer und Imperatoren zu danken hat.
Stoiker waren es, die die Philosophie zu erst
in Rom einführten, die der Republik in den
Scipionen und Läliern die größten Feldherren
und Weisen: in den Scävola's und Tubero-
nen die größten Gesetzgeber, oder Gesetzverbesse-
rer: in den Catonen, und im Brutus die vor-
treflichsten Patrioten und Staatsmänner
schenkte. Stoische Philosophie machte den
Seneca stark genug, der unbändigen Grausamkeit des Nero viele Jahre hindurch wenigstens einige Gränzen zu setzen: und unter den grimmigen Wütrichen, die diesem Ungeheuer folgeten, waren es immer
Stoiker, die die fliehende Tugend auf dieser
Erde zurück hielten.     Wenn in dem feigen,
niederträchtig kriechenden Senate, noch dann
und wann die Stimme der Freyheit sich hören ließ; so ertönte sie allemal aus einer stoischen Brust, durch den Mund eines Thra-
seas und Helvidius.     Rom und das menschli-
liche Geschlecht würde die Stoiker und ihre
Philosophie segnen müssen, wenn beyde ihnen
auch weiter nichts, als seinen größten Wohl-
thäter, den Antonin, zu danken hätten, den
die Römer bey seinen Lebzeiten, als eine

I 3                    mensch=

menschlicher Gestalt erschienene wohlthätige Gottheit verehrten, und nach seinem Tode als den Schutzgeist Roms, als einen zu den Göttern hinauf gestiegenen seligen Dämon anbeteten.

Mit solchen Philosophen also, die so viele, und so große Männer bildeten, hätte man, meinem Urtheile nach, vorsichtiger umgehen, und ihnen nicht eine jede wahre, oder erdichtete Abweichung von unserm einseitigen Systeme zum Verbrechen anrechnen sollen. Meine Absicht ist jetzt nicht die Richtigkeit oder Unrichtigkeit aller der Beschuldigungen, womit man die Stoiker verhaßt zu machen gesucht hat, zu prüfen; ich hebe jetzt nur einen einzigen Fall heraus, wo man gegen die Stoiker blos deswegen ungerecht war, weil man sich nicht die Mühe genommen hatte, ihre wahre Meynung zu fassen, oder weil man sie auch nicht verstehen wollte.

Wann die Stoiker von dem Weisen die Apathie, oder die Abwesenheit, und Ausrottung aller Leidenschaften, als eine nothwendige Bedingung zur Tugend und Glückseligkeit verlangten; so gab man nicht auf den Sinn

Sinn des Ausdrucks Leidenschaften, das
hier doch Hauptwort war, acht; sondern
man nahm dies Wort in seiner gewöhnlichen
unbestimmten Bedeutung, für eine jede angenehme oder unangenehme Empfindung, die mit
Lust oder Unlust verbunden ist. Man fieng
an, sich weitläuftig über die Nützlichkeit und
Unentbehrlichkeit der Leidenschaften, dieser
Triebfedern der Helden, und des Pöbels aus-
zubreiten: man klagte die Stoiker an, daß
sie dem Menschen seine Menschheit auszuzie-
hen, und ihn zu einem fühllosen unthätigen
Geschöpfe zu machen suchten: man wunderte
sich endlich, wie sie eingesehen hätten, daß
der Mensch, mit der Beraubung der Empfindlichkeit gegen Vergnügen und Schmerz, aufhören würde, ein Thier zu seyn. Man ließ
sich in dieser eifrigen Erfindung von Einwür-
fen und Vorwürfen durch die tausendmal
wiederholten Erklärungen der Stoiker von
Leidenschaften und Apathie nicht irre machen.
Apathie wurde, und ist noch bis auf den heu-
tigen Tag eben so sehr ein gleichgeltender
Ausdruck mit Gefühllosigkeit, als der Name
Epikur ehemals das Synonymon von einem
ruchlosen Wollüstling war.

Ehe

Ehe ich die wahren Bedeutungen der Aus-
brücke, Leidenschaft und Apathie, im stoischen Sinne bestimmen kann; muß ich nothwendig ihre Gedanken über die Natur der Seele, ihrer Kräfte und die Beschaffenheit der
Eindrücke, die sie erhält, voranschicken.

Die Stoiker hielten die Seele für körper-
lich, aber aus dem allerfeinsten Stoffe gebaut. Sie nannten sie (Diog. VII. 155,
156.) ein feuriges, ätherisches oder geistiges
Wesen, (Πνευμα,) das durch die ganze
Maße des organischen Körpers verbreitet sey.
Sie fanden in ihr acht von einander verschiedene Theile oder Kräfte; die fünf äusern Sinne, das Vermögen zu zeugen, zu reden, und
endlich die Denkkraft, oder Vernunft. (Diog.
VII. 110. Gab. de Dogm. Hipp. et Plat.
Lib. III. c. 1. ) Die Denkkraft, oder Vernunft hielten sie für den edelsten, und vornehmsten Theil der Seele, wiesen ihr einen eigenen Sitz in Herzen an, und bezeichneten sie
mit einem ganz charakteristischen Namen
(ηγεμονιχον, mentis principatus) Von diesem
ηγεμονιχω galt es vorzüglich, wenn sie sagten, daß die Seele des Menschen mit der
Gottheit einerley Wesens; daß sie ein Aus-
fluß,

fluß, oder abgeriſſener Funke der feurigen
göttlichen Subſtanz ſey. Auf dieſe zielten ſie,
wenn ſie die Menſchen Glieder, und Theil-
nehmer, oder Genoſſen der Gottheit nannten; oder behaupteten, daß in unſerer Bruſt
ein Gott, ein göttlicher Hüter, Führer und
Aufſeher wohne.

Ungeachtet aber, ihren Grundſätzen nach
alle menſchliche Seelen eines gleichen göttlichen Urſprungs waren; ſo gaben ſie ihnen
doch nicht alle Kräfte in gleichen Graden der
Vollkommenheit, und nicht gleich vortheilhafte Anlagen zur Tugend: ſie ſchienen ihnen
gleichſam Tropfen von verſchiedener Größe
und Reinigkeit aus dem unermeßlichen Meere
der Gottheit zu ſeyn. Sie nahmen urſprüngliche Verſchiedenheiten in den Geiſteskräften
(ingeniis) der Menſchen an, (Senec. Ep. 52.
95.) und glaubten, daß ihre mehr oder weniger großen Vorzüge nicht nur von der erſten
Miſchung der Beſtandtheile des Körpers, ſondern auch von andern, auf ihn wirkenden
Gegenſtänden von Luft, Speiſen, und Trank,
abhiengen. (de Nat. Deor. II. 15.) Sie
gaben ferner zu, daß nicht alle Menſchen
dieſelbigen Anlagen zur Tugend, oder einen

J 5

glei-

gleichen Hang zu lasterhaften Leidenschaften
hätten: daß diese verschiedene Fähigkeiten
zur Tugend sowohl, als zum Laster theils von
der verschiedenen Mischung der Elemente unserer Körper, theils von der Größe oder Ein-
geschränktheit des Genies herrührten. (Senec.
de Ira II. 13. Cic. Tuscul. Quaest. IV.
14. 37. V. 24.) daß also scharfsinnige, und
träge Köpfe, Menschen von hitzigen und
dauerhaften, oder ruhigen und schwachen
Dispositionen des Körpers, weder alle Tugenden sich mit gleicher Leichtigkeit erwerben,
noch in dieselbigen Laster, und Leidenschaften
mit gleicher Geschwindigkeit, und unter denselbigen Veranlassungen fallen könnten. Allein bey allen diesen ursprünglichen Verschie-
benheiten in Geisteskräften sowohl, als Anlagen zur Tugenden, und Untugenden, glaubten die Stoiker doch, daß die Natur, oder
Gottheit allen Menschen so viel gesunde Vernunft gegeben habe, (ὀρθος λογος, recta ratio)
als dazu erfordert werde, Wahrheit vom
Irrthume zu unterscheiden, — sich richtige
Begriffe von dem wahren Werthe, oder
Unwerthe aller Dinge zu machen, —
nach den einmal geprüften und gebilligten
Grund-

Grundſätzen zu handeln — und durch ſie
über alle unordentliche Leidenſchaften unum-
ſchränkt zu herrſchen.    Dieſe geſunde Vernunft oder recta ratio, beſtehe und beruhe
nicht ſowohl in der Erhabenheit, und dann
dem Umfange des Genies, als in der Erkenntniß, und Ausübung richtiger Grundſätze.
(Epict. apud Arria: *) I. c. 18. II. 16. An-
ton. V. 5.)

Die Stoiker ließen alle Seelen ganz nackt,
und unbeſchrieben, ohne die geringſten, durch
den Finger der Gottheit eingedruckte Spuren,
oder angebohrne Begriffe in menſchliche Seelen kommen.    Ihre Veränderungen rührten,
ihrer Meynung nach, entweder von den unmittelbaren Einwirkungen einzelner, auſer uns
exiſtirender Gegenſtände her, und dieſe nannten ſie Φαντασιας: oder die Seele bilde auch
aus dieſen einzelnen Eindrücken durch die
Aeuſerung ihrer eigenen Denkkraft, allgemeine Begriffe von Gattungen und Arten, die ſie
durch προληψεις, νοημενα bezeichneten, und
von

*) Λογος ὁ μηκει, ἐδ' ὑψει κρινεται αλλα δογ-
μασιν.

von dem durch die äusern Sinne herbeygeführten, und ohne Zuthun der Seele erhaltenen Eindrücken durch den Namen Φαντασιας εκ αισθητικας unterschieden. (Diog. VII. 49-55.)

So rein die Seele also von angebohrnen Begriffen, und Grundsätzen war; so frey war sie ihrem Systeme zu Folge von allen natürlichen Bestimmungen zu gewissen Gegenständen, von allen zwingenden Leidenschaften, von allen eingepflanzten natürlichen Neigungen, und Abneigungen, so bald die Vernunft im Menschen sich völlig entwickelt hätte. (de Fin. III. 10.) Sie behaupteten eben so wenig angebohrne Leidenschaften, als Begriffe; um aber den Menschen während der Kindheit, oder, Unmündigkeit der Vernunft nicht ganz ohne Leitung zu lassen, gaben sie ihm gewisse, von der Natur selbst eingepflanzte Triebe (ὁρμας) zu allen den Gegenständen, die zur Erhaltung des Individuums nothwendig sind, prima, initia, principia naturae) und einen natürlichen Abscheu vor allem dem, was zu seiner Zerstörung Anlaß geben kann. Diese Naturtriebe habe der Mensch, als Thier, mit den übrigen Thieren gemein; er liebe durch sie
sich

sich selbst, die Erhaltung und Gesundheit des
Körpers und seiner Glieder, endlich Aeltern,
und andre Menschen, die durch Blutsfreund-
schaft, oder erwiesene Wohlthaten mit ihm
verbunden sind. (Sen. Ep. IX. 14. Cicer.
Tusc. Quaest. III. 20.) Allein diese Naturtriebe verschwanden entweder, nach der Meynung der Stoiker, bey der völligen Ausbildung der Vernunft, oder unterwarfen sich
auch ihrer Herrschaft ohne Widerspenstigkeit
mit dem uneingeschränktesten Gehorsam, so
daß wir in den Jahren des reifen Verstandes
Leben, Gesundheit, Aeltern, Freunde nicht
mehr nach ihren Eingebungen, sondern nach
der Würdigung, und nach den Vorschriften
der Weißheit schätzten. (Cic. de Fin. III.
6, 7. et Gellius V. 12.)

Der Mensch ist daher, wie er aus den
Händen der Natur kommt, nicht nur unver-
dorben, (Diog. VII. 89.) sondern auch durch
gütige Naturtriebe, die die Grundlage der
Weißheit sind, und durch die gesunde Vernunft im Stande, Wahrheit vom Irrthum
zu unterscheiden, und zum Besitze aller, seinem Geschlechte eigenthümlichen Tugenden zu
gelangen. Wir werden nicht nur, sagt Seneca,

neca, mit keinen Lastern gebohren, sondern,
wann wir selbst nur gebessert seyn wollen, von
der Natur zu allen dem Guten fort geholfen,
zu welchem sie uns bestimmt, und hervorgebracht hat. (De Ira II. 13. et Ep. 29.)

Da wir also einige heilsame, gut geord-
nete Triebe ausgenommen, von der alles bildenden Natur weder den Saamen von Lastern,
noch von Leidenschaften erhalten haben; so
müssen nothwendig alle heftige Neigungen,
und Abneigungen, die sich in den Seelen der
Menschen finden, durch Eindrücke auser uns
existirender, und unsere Sinnen bewegender
Gegenstände erregt werden.

Nicht alle angenehme, oder unangenehme mit Lust, oder Unlust verbundene Empfindungen heißen Leidenschaften, sondern nur
diejenigen verdienen so genannt zu werden,
die uns verführen, Gegenstände blos wegen
des gegenwärtigen Schmerzes, oder Vergnügens, das sie uns verschaffen, für wahre Uebel
oder Güter zu halten, und solche Scheingüter, und Scheinübel also weit heftiger zu suchen, und zu begehren, oder zu fliehen, und
zu verabscheuen, als wir nach den Aussprü-
chen

chen der, den wahren Werth der Dinge
schätzenden, Vernunft thun sollten. Sie sind
daher den Gesetzen der Vernunft widersprechende, und unnatürliche Bewegungen der
Seele *) (VII. Diog. 110.) die man auch
ungemäßigte Triebe nennen kann.

Es ist in keines Menschen, selbst nicht in
des Weisen, Macht, sich gegen alle Eindrücke
anderer Gegenstände zu verwahren, und bey
diesen Eindrücken weder Schmerz, noch Vergnügen zu empfinden (Epictetus apud Gellium XIX. I.) Eben so wenig kann er gewisse und willkührliche Bewegungen der Muskeln zurückhalten, die mit plötzlichen oder
heftig auf uns eindringenden Erscheinungen,
vermöge der Gesetze unserer thierischen Maschine, nothwendig verbunden sind. Auch
der Weise erröthet, und wird blaß; er zittert, fährt zusammen, vergießt selbst Thränen, ohne, daß er vorsetzlich an allen diesen

Ver-

*) Εςι δι αυτο το παθος, κατα Ζηνωνα, ἡ αλογος και παρα φυσιν ψυχης κινησις, ἡ ὁρμη
πλεοναζουσα.

Veränderungen des Körpers den geringsten
Antheil hätte, und ohne, daß man sie als
Wirkungen willkührlicher Leidenschaften ansehen könnte. (Epiƈet. ib. Senec. Ep. 71.
99. *) Gell. XII. 5.) Alle diese angenehmen und unangenehmen Empfindungen, und
die sie begleitenden Convulsionen der Muskeln sind nicht Leidenschaften, sondern nur
Vorspiele derselben, und gehen alsdenn erst
in wirkliche Leidenschaften über, wenn die
Seele diesen ersten Eindrücken nachgiebt, die
Gegenstände, wodurch sie erregt worden, nach
dem Verhältnisse der gegenwärtigen Lust, oder
Unlust für Güter oder Uebel hält, sie als solche mit Heftigkeit flieht, oder begehrt, und
dem

*) Ne extra rerum naturam vagari virtus no-
stra videatur, et tremet sapiens, et dolebit,
et expallescet : hi enim omnes corporis
sensus sunt. Und im 99. Briefe : Lacrymas naturalis necessitas exprimit, et spiritus ictu doloris impulsus, quemadmodum
totum corpus quatit, ita oculos, quibus
adiacentem humorem perpremit, et ex-
pellit.

dem trüglichen sinnlichen Scheine, statt den
Aussprüchen der ruhigen und unpartheyischen
gesunden Vernunft, folgt.   Diese Ueberrum-
pelung oder Ueberwindung von den ersten Eindrücken der Sinne, und die Schätzung der
Gegenstände nach den durch sie erregten augenblicklichen Vergnügungen,   oder Schmerzen nannten sie assensum, assentiri, προς
δοξαζειν συγκατατιϑεϑαι:   und hierin
setzten sie auch das Wesentliche der Leidenschaften, oder der gesunden Vernunft entgegen laufender Seelenbewegungen (Epictet.
apud Gell. XIX. 1. Senec. de Ira II. 1-5.)

Alle Leidenschaften sind daher weiter nichts,
als falsche Urtheile, irrige Meynungen, durch
welche wir den Werth der Dinge allein nach
ihren ersten angenehmen oder unangenehmen
Eindrücken bestimmen, oder auch unmittelba-
re Folgen dieser falschen Schlüsse (κρισεις,
επιγεννηματα των κρισεων, opiniones et
iudicia leuitatis. Cic. Tusc. Quaest. I. 10.
Lib. III. de Fin. 10. Tusc. Quaest. IV. 7.)
Jenes sagte Chrysippus; dieß Zeno der Stifter der stoischen Schule.   So wie wir es nun
in unserer Gewalt haben, nicht alle Eindrücke,
die äusere Gegenstände in uns hervorbringen,

Mein. Schr. 2 B.          K          gleich

gleich für wahr, und den Gegenständen entsprechend aufzunehmen, sondern vielmehr unsern Beyfall so lange zurückhalten können,
bis wir uns überzeugt haben, daß die Eindrücke von wirklich auser uns existirenden Gegenständen erregt worden, und durch keine
andere, als diejenigen, die sie hervorbrach-
ten, erregt werden konnten; eben so haben
wir es in unserer Gewalt, die Güte, oder
Nichtgüte der Dinge nach dem Maaßstabe
der richtigen Vernunft, und nicht nach dem
augenblicklichen Reize des Vergnügens, oder
Schmerzes zu bestimmen.

Alle Leidenschaften ohne Ausnahme sind
daher willkührlich; keine einzige ist zwingend
und unwiderstehlich. Aeusere Gegenstände
können unsere Sinne, ohne, daß wir es hin-
dern können, in die heftigsten angenehmen
und unangenehmen Bewegungen setzen; allein
sie können unsere Vernunft nicht anders, als
wenn sie selbst will, zwingen, sie deswegen
für große Güter, oder Uebel zu halten, und
sie als solche mit einer übertriebenen Heftigkeit zu fliehen, oder zu begehren. Doch ist
es unendlich leichter, eine sich erhebende Leidenschaft gleich bey ihrer ersten Entstehung zu

unter-

unterdrücken, als eine stark gewordene im
Zaume zu halten. Unsere Gewalt über Ge-
müthsbewegungen besteht blos in der Stärke
der Vernunft, sie gar nicht aufkommen zu
lassen, nicht aber in einer Fähigkeit, sie alsdenn, wenn sie sich der Seele bemeistert, und
in ihr festgesezt haben, zu bändigen. Wenn
sie sich erst einmal einen Eingang in unsere
Seele verschaft haben; dann beherrschen sie
uns unumschränkt, und reisen uns mit unwiderstehlicher Gewalt in die Abgründe des
Lasters fort. Wenn wir auf der Spitze eines
Felsen oder an dem Abschusse eines steilen
Berges stehen; so hängt es von unserer Willkühr ab, ob wir uns hinab stürzen, oder herunter bewegen wollen, oder nicht: allein,
wenn wir uns einmal hinab geworfen haben,
dann ist es nicht mehr in unserer Gewalt, ob
wir fallen oder laufen wollen. Die Schwere
unsers Körpers treibt uns, auch wider unsern Willen, in die uns empfangende Tiefe
hinab. Eben so ist es mit den unordentli-
chen Bewegungen der Seele, den Leidenschaften. Es steht bey uns, ob wir uns ihrem
Triebe überlassen wollen: allein, wenn wir
uns ihnen einmal übergeben haben, denn

kön-

können wir uns nicht aufhalten, nicht stille stehen, wo wir gerne wollten; sie schleppen uns, wie gefesselte Sclaven, viel weiter fort, als wir anfangs gedacht hatten. (Tusc. Quaest. Cic. IV. 18. Epict. ap. Arr. II. 18. Senec. Ep. 85. de Ira I. 7. Chrysipp. ap. Galenum de Dogm. Hipp. et Plat. Lib. IV. c. 2.)

Der Grund dieser Behauptung lag in einem andern Satze, den die Stoiker über den Sitz der Leidenschaften vortrugen. Sie glaubten nemlich, nicht, wie Plato, daß es auser der vernünftigen Seele, noch mehrere unvernünftige gäbe, in denen allein alle heftige Begierden und Leidenschaften zusammen wohnten, sondern hielten den edelsten Theil der Seele, das ηγεμονικον für das Behältniß und Substratum aller Begriffe und Sätze, aller Tugenden und Laster, aller Triebe und Leidenschaften. Die Vernunft blieb ihrem Urtheile nach, nicht wie im Systeme des Plato, beym Einbruch heftiger Leidenschaften, unerschüttert, während daß diese in den unvernünftigen Seelen wütheten; sondern sie selbst würde ganz in Leidenschaften verkehrt, und alle Kräfte der Seele in die einzige Thätigkeit

tigkeit der Leidenschaften verwandelt (Senec. de Ira I. 8. \*) Plut. de Virtute mor. p. 785. Tom. II. Opp. varior. Ed. in 8vo.) Sie nannten daher eine jede Leidenschaft einen Abfall von der gesunden Vernunft (Tusc. Quaest. IV. 9. \*\*) während welches Zustandes die Seele allein von der Leidenschaft beherrscht würde, und keine andre Kraft übrig behielte, die ihr das Gleichgewicht halten, und ihre Heftigkeit brechen könnte. Eben deswegen hieß auch eine jede Leidenschaft eine

K 3

unver=

---

\*) Neque enim sepositus est animus, et extrinsecus speculatur affectus, vt illos non patiatur, vltra quam oportet procedere, sed in affectum ipse mutatur: ideoque non potest vtilem illam vim et salutarem proditam iam, infirmatamque reuocare.

\*\*) Omnium autem perturbationum fontem esse dicunt intemperantiam: quae est a tota mente, et a recta ratione defectio, sic auersa a praescriptione rationis, vt nullo modo appetitiones animi nec regi, nec contineri queant.

unvernünftige Bewegung der Seele, nicht
weil sie in einem unvernünftigen Wesen wohne, sondern weil sie alle Wirksamkeit der Vernunft aufhebe, und eine richtige Schätzung
und Beurtheilung der Dinge unmöglich mache. (Chryf. apud Galenum l. c.) Da also
die Stoiker glaubten, daß im Zustande der
Leidenschaft die einzige Kraft, die sie bändigen könnte, selbst in Leidenschaft verwandelt
würde; so mußten sie wohl nothwendig eine
jede unregelmäßige Seelenbewegung für un-
überwindlich, und so lange dauernd halten,
bis sie entweder sich selbst verzehrte, oder von
einer andern, noch mächtigern aufgerieben
würde. Beyläufig merke ich hier an, daß
die Stoiker aus der Beherbergung aller Leidenschaften im ἡγεμονιϰῳ selbst den wahren
Sitz der Seele zu bestimmen suchten. Sie
nahmen an, daß die Seele im Herzen, oder
in der Gegend des Herzens wohne, weil wir
bey einem jeden Anfalle von Leidenschaften
heftige Bewegungen des Herzens wahrnehmen, und die Seele also nothwendig sich da
aufhalten müsse, wo die Leidenschaften, als
ihre Veränderungen, sich am allerstärksten
äuserten.

Die

Die Stoiker behaupteten vier erſte, und urſprüngliche Leidenſchaften, von denen ſie alle übrige, als Unterarten und Modificationen ableiteten. Dieſe waren übertriebene Freude, oder Luſt, heftige Begierde, Traurigkeit und Furcht. (Tuſc. Quaeſt. IV. 7. 11. Diog. VII. 111.) Alles, ſagten ſie, was unſere Seele in Bewegung ſetzt, iſt entweder gegenwärtiges oder abweſendes Gut, und dann empfindet ſie Freude, oder Begierde: — oder es iſt gegenwärtiges, oder noch zu befürchtendes Uebel: in dieſem Falle verfällt ſie in Traurigkeit oder Furcht. Die beyden erſten Leidenſchaften nannten ſie unmäßige Erhebungen (ἐπαρσεις), die Letztern Zuſammenziehungen der Seele. (συςαλαι)

Die Stoiker nannten alle Leidenſchaften ohne Ausnahme Gemüthskrankheiten, und waren überhaupt ſehr weitläuftig in der Vergleichung der verſchiedenen Zuſtände der Seele mit ähnlichen Diſpoſitionen des Körpers. (Cic. Tuſc. Quaeſt. III. 10. 11. IV. 10. et ſeq. Diog. VII. 115.) So wie alle Krankheiten entweder aus der Erſchöpfung, oder dem Uebergewichte der flüßigen, oder aus der

K 4           Er

Erschlaffung und der Ueberspannung der festen
Theile des Körpers ihren Ursprung nähmen,
so entstünden alle Leidenschaften, oder Krankheiten der Seele aus einer Verstimtheit oder
Disharmonie der heftigen Erschütterungen der
Sinne, und der, auf diese sich gründenden,
falschen Urtheile über den Werth der Dinge,
mit den geprüften richtigen Grundsätzen der
gesunden Vernunft. Sie theilten die Krankheiten der Seele, wie die des Körpers, in
hizige, und langwierige ein; jene nannten sie
morbos, νοσήματα, auch schlechtweg affectus, und animi perturbationes, diese aegro-
tationes, ἀῤῥωσήματα, Zustände der Kränk-
lichkeit. (Cic. et Diog. II. cc. et Senec. Ep.
75.) Hizige Krankheiten waren alle einzelne
heftige Leidenschaften, weil sie die ganze Seele empören, und alle ihre Kräfte in Unord-
nung bringen: langwierige hingegen, die tief-
eingewurzelten, und ganz zu Gewohnheiten
gewordenen Leidenschaften, dergleichen Geiz,
und Menschenfeindschaft sind. So wie jene
aus einem Streite sinnlicher Eindrücke mit
den Aussprüchen der gesunden Vernunft entstehen, so entstehen diese aus einem öftern
Rückfall in dieselbige Leidenschaft: hizige
Krank-

Krankheiten des Gemüths arten alsdenn in langwierige aus.

Einige Körper sind schwächlicher, und mehr in Gefahr, in gewisse Krankheiten zu fallen, als andere: andere sind wiedrum stärker, und gegen dieselbige Krankheiten durch die Festigkeit ihres Baues gesichert. Eben so verhält es sich mit den verschiedenen Seelen der Menschen. Einige sind sehr schwach, und fallen bey den kleinsten Veranlassungen von den Gesetzen der gesunden Vernunft ab: andere sind stärker, und besiegen ohne Mühe die heftigsten Eindrücke äuserer Gegenstände durch wahre und geprüfte Grundsätze. Es giebt daher εὐκαταφοϱιαι, procliuitates, ἀτονια, und εὐτονια, oder ισχυς, der Seelen, wie des Körpers, (Diog. et Cic. ll. cc. Gal. Lib. supra cit. IV. c. 6. V. 2.)

Der Körper ist gesund, (ll. cc.) wenn alle seine Bestandtheile nach ihren natürlichen Verhältnissen gemischt, und in der vollkommensten Uebereinstimmung sind: er ist schön, wann alle sichtbare Glieder ein solches Ebenmaaß, und solche Verhältnisse gegen einander haben, als zu allen, dem menschlichen

R 5        Körper

Körper eigenthümlichen Verrichtungen erfordert werden.    So wie es nun Gesundheit,
und Schönheit des Körpers giebt; so giebt
es auch Gesundheit, und Schönheit der Seelen. (c. 13. Cic. *) Sie ist gesund, wenn
alle ihre Eindrücke, Schlüsse und Grundsätze,
ohne Streit und Widerspruch, auf das ge-
naueste mit einander harmoniren: Schön,
wenn sie den übereinstimmenden Aussprüchen
der

*) Est enim corporis temperatio, cum ea
    congruunt inter se, e quibus constamus; sa-
    nitas sic animi dicitur, cum eius iudicia,
    opinionesque concordant, eaque animi est
    virtus: quam alii ipsam temperantiam di-
    cunt esse, alii obtemperantem temperan-
    tiae praeceptis, et eam subsequentem. —
    Et vt corporis est quaedam apta figura mem-
    brorum, cum coloris quadam suauitate,
    eaque dicitur pulcritudo: sic in animo,
    opinionum, iudiciorumque aequabilitas et
    constantia, cum firmitate quadam, et sta-
    bilitate virtutem subsequens, — pulcritudo
    vocatur.

der Vernunft mit einer, niemals nachlaſſen-
den, Stärke, und einer unveränderlichen Fe-
ſtigkeit folgt.   Dieſe Schönheit der Seele iſt
mit Tugend und Weisheit einerley; (Sen. Ep.
XX. 14.) die beyde darinnen beſtehen, ſtets
daſſelbe zu wollen, und nicht zu wollen, und
ſich in allen Handlungen, und Theilen des
Lebens beſtändig gleich zu ſeyn.   So wie Ge-
ſundheit, und Schönheit der Seele in der
Uebereinſtimmung guter Grundſätze, und
Handlungen beſteht; ſo entſteht Häßlichkeit
wiedrum aus einem ſteten Widerſpruche fal-
ſcher Meynungen, und einer daraus erfolgen-
den ſchändlichen Ungleichheit im Leben, die
Thorheit und Laſterhaftigkeit unzertrennlich
nach ſich zieht.

Da die Stoiker alſo alle Leidenſchaften
für unnatürliche Zuſtände der Seele, für
wirkliche Krankheiten hielten, da ſie ferner
glaubten, daß alle, die damit behaftet wären, den Dingen einen größern Werth oder
Unwerth beylegten, als ſie in der That hätten, und ſie alſo mehr flöhen und verfolgeten,
als ſie verdienten, daß Menſchen endlich bey
dieſer Abtrünnigkeit von der geſunden Vernunft,
ſich ſelbſt nicht mehr in der Gewalt behielten;

ſo

so darf man sich nicht wundern, wenn sie die
Leidenschaften nicht gemäßigt, sondern aus-
gerottet wissen wollten, und die alte Akademie
tadelten, daß sie diese Krankheiten durch liu-
dernde Mittel nur einzuschläfern, und nicht
ganz zu heben gesucht hätte. Leidenschaften,
sagten sie, sind immer unnatürliche Seelenzu-
stände, Abfälle von der gesunden Vernunft,
Verunstaltungen der menschlichen Natur: sie
mögen daher so sehr gemäßiget, und eingeschränkt werden, als sie wollen; so bleiben
sie immer schädlich. Auch geringe Uebel sind
Uebel: auch kleine Krankheiten sind Krankheiten. (Seneca de Ira I. 10. 11. Ep. 85.
et 116.)

Wenn die Stoiker dahero ihrem Weisen,
oder einem jeden vernünftigen Manne die
Apathie, oder die gänzliche Befreyung von
allen Leidenschaften anbefahlen; so verlangten sie von ihm weiter nichts, als daß er sich
von dem Werthe, oder Unwerthe der Dinge
richtige Begriffe machen, (Enchirid. Epict.
13. ὀρθας πειληψεις) und nur die Tugenden allein als die einzigen Güter, die wir in
unserer Gewalt hätten, (τα εφ' ημιν) für Güter, Laster allein für Uebel, alles übrige aber,

was

was Weife und Unweife gemeinschaftlich bes=
zen könnten, weder für Güter noch Uebel hal=
ten sollte, (Arrian I. 1. IV. 4. 5.) daß er
endlich nicht einem jeden Eindrucke äuserer
Gegenstände nachgeben (ἐικειν ταις Φαντασιαις, ἁρπαζεσθαι ταις Φαντασιαις. Enchirid c. X.) und nicht nach diesen augen-
blieklichen Eindrücken, sondern nach den richtigen Grundsätzen der gesunden Vernunft das,
was gut und nicht gut sey, bestimmen
solle.

Apathie also beruhte vorzüglich auf der
Bildung richtiger Grundsätze und Begriffe
vom Werthe der Dinge, von wahren und falschen Gütern, und Uebeln — und beftand
in der Herrschaft über gegenwärtige Empfindungen durch eben diese Grundsätze; welche
Herrschaft sie χρησιν Φαντασιων (cap. 6.
Enchir. Epict.) oder το χρησθαι ταις
Φαντασιαις κατα Φυσιν (Arr. III. 3.)
nannten.

Diese Beherrschung der sinnlichen Empfindungen durch die Grundsätze der gesunden
Vernunft ist nach den Stoikern völlig in unserer Gewalt. Wir dürfen nur die Gegen-
ftände,

ſtånde, die ſie erregen, die Maske des Rei-
zes, oder des Schreckens, womit ſie bedeckt
ſind, abnehmen, und ſie ganz entkleidet, ihrer wahren Beſchaffenheit nach unterſuchen,
ſo werden ſie bald als eingebildete Gúter oder
Uebel erſcheinen, und keine Unordnungen in
unſern Gemúthern mehr anrichten. (Senec.
Epiſt. 24. *)   Die Seelen der Menſchen werden nicht durch die Gegenſtånde ſelbſt, die
Schmerz, oder Vergnúgen erzeugen, ſondern
allein durch den irrigen Wahn, daß dieſe Gegenſtånde Gúter oder Uebel ſind, zerrúttet.
(Epict. Ench. V. Arrian. Diſſ. III. c. 3. in
fine)

*) Illud ante omnia memento, demere rebus
tumultum, ac videre, quid in quaque re ſit.
Scies nihil eſſe in iſtis terribile, niſi ipſum
timorem.   Quod vides accidere pueris, hoc
nobis quoque maiuſculis pueris euenit.
Illi, quos amant, quibus aſſueuerunt, cum
quibus ludunt, ſi perſonatos vident, ex-
paueſcunt : non hominibus tantum, ſed et
rebus perſona demenda eſt, et reddenda
facies ſua.

fine.) Sokrates ertrug standhaft den Tod, tausend andre, Armuth, Verachtung, ohne diese Dinge übel zu nennen; die größten Weisen und Helden verachteten sinnliche Vergnügungen, Ehrenstellen und Reichthümer. Alle diese Dinge also, die heftige Leidenschaften entzünden, müssen weder wahre Güter, noch wahre Uebel seyn, sondern beydes allein nur durch falsche Vorstellungen werden. Wir dürfen daher nur diese falschen Vorstellungen (πονηρα δογματα) verwerfen, und es wird uns weiter keine Mühe kosten, uns gegen unordentliche Leidenschaften zu verwahren, und nur Tugenden allein für wahre Güter, Laster für wahre Uebel zu erkennen. Der Weise unterscheidet sich daher nach dem Ausspruch des Epictets (ap. Gell. XIX. 1.) vom Unweisen vorzüglich dadurch, daß er in seinen Grundsätzen über die Aechtheit, und Unächtheit der Güter und Uebel unerschrocken verharrt, und durch die heftigsten Einwirkungen der Gegenstände auf seine Sinne sich nicht in seinen geprüften Urtheilen irre machen läßt: da der Thor hingegen die Dinge für das nimmt, was sie scheinen, und sie für wahre Güter und Uebel hält, je nachdem sie ihm einen

nen angenehmen, oder unangenehmen sinnlichen Kitzel erregen.

Apathie ist also sehr weit von Gefühllosigkeit, Unempfindlichkeit gegen angenehme,
und unangenehme Eindrücke, oder einer gänzlichen Lähmung der äusern und innern Organen verschieden, mit denen man sie doch so
oft verwechselt hat. Diese gänzliche Unfähig-
keit, Vergnügen und Schmerz zu empfinden,
nannten sie selbst, σκληϱοτης, αναισϑησια,
αναλγησια, stupor et immanitas animi
(Gell. XII. 5. Diog. VII. 117.) und glaubten eben so fest, als die alte Akademie, daß
dieser Zustand nicht weniger unnatürlich sey,
als die fieberhaften Anfälle heftiger Leidenschaften. Sie behaupteten mit den Nachfolgern des Plato, daß man dem Menschen die
Empfindlichkeit gegen Schmerz nicht nehmen
könne, ohne ihm seine Empfindlichkeit gegen
Vergnügen zu rauben, und daß man ihn
von beyden nicht los machen könne, ohne seine
ganze Natur zu zerstören. Der Weise konnte also, unbeschadet seiner Apathie, durch
angenehme Empfindungen glücklich seyn,
und durch heftige Schmerzen leiden; nur durfte er Vergnügen, und Schmerzen, die Gegen-
ständе

ſtände ihm verurſachen, nicht zum einzigen Maaßſtabe wahrer Güter und Uebel machen.

Wie wenig die Stoiker die Abſicht hatten, dem vernünftigen Manne alle Senſibilität zu rauben, erhellt am beſten aus ihrer Lehre von den gemäßigten Empfindungen, die ſie ſelbſt dem Weiſen geſtatteten. Sie ſetzten nemlich den vier Hauptleidenſchaften, wovon nur die Gemüther der Thoren bewegt werden, drey vernunftmäßige Seelen = Modificationen entgegen, die ſie (Diog. VII. 116. Cic. Tuſc. Quaeſt. IV. c. 16.) εὐπαθειας conſtantias nannten: der übertriebenen ausgelaſſenen Freude (ἡδονη, laetitia) die gemäßigte, geſetzte Heiterkeit, (gaudium χαρα) die mit dem Genuſſe wahrer Güter verbunden iſt; der Furcht (Φοβος metus) die vernünftige Vorſicht (ευλαβεια, cautio) und endlich der unbändigen Begierde, (επιθυμια libido) den ruhigen Wunſch künftige Güter zu beſitzen, und zu erlangen. (βελησις voluntas.) Der vierten Leidenſchaft, der Traurigkeit (λυπη, animi aegritudo) ſetzten ſie keine εὐπαθεια entgegen; weil den Weiſen kein wahres Uebel treffen, keine hieraus entſtehende

stehende Betrübniß niederschlagen, und endlich die unangenehme Empfindung des Kum-
mers nie so gemäßigt werden kann, daß sie
jemals aufhören sollte, ein Uebel, und un-
natürlicher Seelenzustand zu seyn, (Cic. l. c.
et Augustinus de Ciuit. Dei XIV. c. 8.

Nur die Apathie allein verschafft uns den
herrlichsten unter allen Vorzügen des Weisen,
die Freyheit, ἐξουσιαν αὐτοπραγιας, die
mit dieser unzertrennlich verbundene freudige
Ergebung in den Willen der Gottheit, und
die ruhige Zufriedenheit mit allen Fügungen
der über uns waltenden Vorsehung.    Nur
derjenige ist frey, der so lebt, wie er selbst
wünscht, dessen Verlangen alle erfüllt werden,
dem niemals etwas, was er vermeiden wollte, aufstößt, den niemand zwingen, oder zurückhalten kann, der also niemals etwas wider seinen Willen zu thun gezwungen ist, der
alles, was er unternimmt, gerne, und aus
eigenem Triebe, durch eigene Kraft verrichtet, und alles, was ihm begegnet, ohne Murren und Klagen so aufnimmt, als
wenn er selbst alle Begebenheiten veranstaltet hätte. (Epict. ap. Arrian. I. 12. besonders
IV. 1.)   Zu einer solchen Freyheit kann nur
der-

derjenige gelangen, der allein die Güter, die
er in seiner Gewalt hat, die Tugenden für
wahre Güter hält, und alles das Uebrige,
was andere Menschen als Güter und Uebel
verfolgen oder fliehen, als Dinge ansieht,
die ihn weder besser noch schlimmer machen,
und seiner Glückseligkeit also nichts zusetzen,
oder nehmen können. Einen solchen Weisen
können weder Tyrannen, noch das Schicksal,
noch Jupiter selbst zwingen, etwas zu wollen,
was er verabscheut: oder etwas zu fliehen, was
er zu erreichen wünschte: sie können ihm Weib
und Kind, Güter, Gesundheit, und Leben
rauben: sie können selbst den Körper, den er
mit sich herumträgt, in Fesseln legen, oder
durch äusere Gewaltthätigkeit zu gewissen
Handlungen treiben: allein ihre vereinigten
Kräfte sind nicht stark genug, ihn zum Verräther der Tugend, und zum Anbeter des Lasters zu machen, ihm dieses liebenswürdig,
und jene hassenswerth zu machen; sein freyer
ungebundener Geist entflieht Fesseln und Martern, und bleibt ungestört in dem ruhigen
Genusse derjenigen Güter, deren Besitz die
wahre Glückseligkeit ausmacht. Nur allein
mit dieser Denkungsart ist man im Stande,

wie

wie Cleanth zu beten, daß Jupiter der Regie=
rer des Ganzen, uns so leiten und führen
möge, als es seinem heiligen Willen am be=
sten scheint, und sich nur darüber zu beklagen,
daß der Vater der Menschen uns nicht seine
Fügungen zum Voraus wissen lasse, damit
wir sie freywillig, und aus eigner Wahl,
nicht als unvermeidliche Verhängnisse anneh=
men könnten.

Alle diejenigen Menschen hingegen, die
auser der Tugend noch andere Güter, und
auser dem Laster noch andere Uebel erkennen,
deren Erreichung, und Vermeidung, deren
Besitz und Beraubung nicht ganz allein von
uns selbst abhängt, sind ohne Ausnahme Scla=
ven. Sie leben nicht, wie ihnen gefällt, son=
dern erfahren unzählige Begebenheiten, die
sie gerne aus der unzerreißbaren Kette des
Schicksals herausgehoben wünschten. Viele
ihrer heftigsten Begierden bleiben unbefriedigt,
und ihre Befürchtungen werden dagegen er=
füllt: Gegenstände, die sie für Güter hiel=
ten, werden ihnen entrissen, und längst geflohne
Uebel bringen sich ihnen mit unwiderstehlicher
Gewalt auf. Sie handeln nicht aus eigener
Bewegung, nach Grundsätzen, die sie selbst
ge=

geprüft, und Entschlüßen, die sie ohne Zwang mit freyer Wahl gefaßt haben; sondern werden entweder von heftigen gegenwärtigen Empfindungen übermannt, und zu unwillkührlichen unüberlegten Handlungen fortgetrieben; oder richten, wie Sclaven, den eigensinnigen Willen gebieterischer Tyrannen, Weiber, oder Freunde aus. Sie sind daher stets unter dem harten Joche der Leidenschaften, und dem Drucke der Gegenstände, die sie einmal für Güter, oder Uebel zu halten angefangen haben. Ihr Elend zwingt sie zum Murren und zu Klagen wider die Vorsehung; sie werden undankbare Aufrührer wider die allgütige Gottheit, weil sie keine Dienerin ihrer Leidenschaften seyn will, und den Bau des unermeßlichen Universums nicht nach den veränderlichen Launen und Wünschen derselben eingerichtet hat.

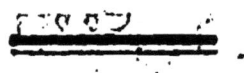

IV. Be-

## IV.

### Betrachtungen über den Tod und Trostgründe der Alten wider die Schrecken desselben.

Quaere quid fcribas, non quemadmodum: et hoc
  ipfum, non vt fcribas, fed vt fentias : vt illa, quae fenferis, magis applices tibi et veluti fignes. — Oratio vultus animi eft : fi
  circumtonfa eft, et fucata, et manu facta,
  oftendit illum quoque non effe fincerum, et habere aliquid fracti. Non eft ornamentum vi-
  rile concinnitas. SENECA.

Todesbetrachtungen waren den meisten Phi=
    losophen Griechenlands sehr gewöhnlich,
und Trostgründe wider denselben machten im=
mer einen wichtigenAbschnitt ihrer Moral oder
Physiologie aus. So verschieden aber ihre
Begriffe vom Tode waren, so verschieden
waren auch die Vorbereitungsarten und Zurüstungen, die sie gegen ihn erfunden hatten,
und zu gebrauchen anriethen.

Man

Man frug schon in den ältesten Zeiten, ob
es besser sey, den Schrecken des Todes durch
Flucht zu entgehen, und alle Gedanken davon vorsetzlich so lange, als wir nur können,
zu entfernen, oder, ob es rathsamer sey, sich
diesem Schreckenbilde, so viel, als möglich,
zu nähern, um es nachher desto kühner ver-
achten zu können; man untersuchte, ob wir
mehr dabey gewönnen, wenn wir durch unzei-
tige quälende Vorstellungen dieß unvermeidliche Uebel früher herbey riefen, und während
eines längern Zeitraums vorempfänden, als
es die gütige Natur gewollt hätte; oder wenn
wir uns in den frühen Jahren unsers Alters
bey dem vollen Genusse unserer Kräfte mit dem
Anfangs freylich bittern Gedanken des Todes
allmählig so bekannt machten, daß wir bey seiner
wirklichen Annäherung nicht in Gefahr kämen,
entweder alle Fassung zu verlieren, oder auch
zu weibischen Klagen, und einer noch unmänn-
lichern Verzweifelung getrieben zu werden.

Wenn der allgemeine Brauch der meisten
Völker hier entscheiden sollte; so würde die
Vergessenheit, oder sorgfältige Verbannung
aller Todesgedanken das sicherste und beste

Mittel

Mittel wider seine Schrecken seyn. Tod war
und ist noch jetzo fast unter allen Nationen ein
Ausdruck, der Ohren und Einbildungskräft
beleidigt. Den feigen Völkern an der Gold-
küste von Afrika tönt, nach Bosmanns Be-
richt, der Name Tod so entsetzlich, daß wann
Fremdlinge ihn nur unversehens nennen, blas-
ses Schrecken und starres Stillschweigen sich
über alle Anwesende verbreitet: und diese auf
natürliche Feigheit sich gründende Empfindlichkeit steigt vom Sclavenpöbel zum Sclaven-
thyrannen hinauf, so sehr, daß das blose Aus-
sprechen dieses schrecklichen Worts in Gegenwart des Königs mit unvermeidlichem Tode
bestraft wird. Selbst unter den edelsten und
tapfersten aller Völker, den Griechen und Römern war Tod ein Schreckwort, das die Gesetze bey feyerlichen gottesdienstlichen Zusam-
menkünsten, und der Wohlstand in häuslichen
Gesellschaften zu nennen verbothen; ein Wort,
das die lebhaftesten Freuden heiliger Feste zu
verbannen oder zu verbittern im Stande war.
Eben die Griechen und Römer, die Schaaren-
und Legionenweise dem gewissesten Tode mit
unerschrockenem Muthe entgegen gingen, wenn
Freyheit und Wohlfarth des Vaterlandes durch)

ihr

ihr Leben erkauft werden könnte, wetteifer-
ten mit einander, sanftere, aber gleichgeltende
Ausdrücke für ein Wort zu finden, das ihnen
auf einmal zu viel traurige Vorstellungen rege machte. Auch ihre Philosophen verließen
sich nicht auf die von ihnen selbst erfundene
Trostgründe, und glaubten, ein unvermeid-
liches Uebel kleiner zu machen, wenn sie es
mit weniger herben Zeichen belegten. Sie
nannten den Tod, süßen traumlosen Schlummer, einen Bruder des Schlafes, eine von
den gütigen Händen der Natur selbst veran-
staltete Auflösung der Bestandtheile unsers
Körpers, und deren Vermischung mit den
freundschaftlichen Elementen, eine Rückkehr
in den Schoos der Natur, und der mütterlichen Erde, endlich den Beschluß des Schau-
spiels unsers Lebens. Sie wandten durch diese Benennungen, wenigstens eine Zeitlang,
die Aufmerksamkeit von seiner schrecklichen
Seite weg, und lenkten sie auf die Aehnlich-
keiten hin, die der Tod mit kleinern Uebeln,
oder wohl gar mit wünschenswerthen Gütern
unsers Lebens hat.

Diese allgemeine Bemühung, den Gedanken des Todes zu entfliehen, zeugt von der

L 5　　　　　mäch-

mächtigen Wirkungen, die man von diesem Mittel gehofft hat. Es ist unbegreiflich, wie Menschen jemals den Entschluß fassen konnten, die Vorstellung einer Erscheinung stets entfernt zu halten, die sich uns auch wider unsern Willen, in jedem Augenblicke von selbst aufdringt: oder, wie sie sich vor dem Namen eines Phänomenons fürchten konnten, das unter allen Naturbegebenheiten das allergewöhnlichste ist. Auch bey der größten Unaufmerksamkeit mußte man, scheint es, bemerken, daß die Natur in allen ihren Theilen unendlich viele Gräber eröffne, in denen sie augenblicklich Millionen lebender und empfindender Geschöpfe aufnimmt; und daß eben diese Gräber, die geheimen Werkstätte sind, wo sie neuen Formen Leben, und Empfindung eingießt. Selbst die Begriffe von Zeugung, Leben und Wachsthum müßten, scheint es, in aller Menschen Köpfen mit den Vorstellungen von Auflösung und Zerstörung unzertrennlich vergesellschaftet seyn, weil Verwesung und Untergang die Quelle des Lebens, und der Entstehung ist. Nur da, wo die Erde den besaamenden Staub verweseter Körper empfing, ist ihr göttlicher Schoos an neuen Geschöpfen

frucht=

fruchtbar: — und eben so kann das Leben
eines einzigen Thiers nicht anders, als durch
die Zerstörung unzähliger anderer erhalten
werden.

Unmöglich kann also dies Mittel, die
Vergessenheit des Todes, das geleistet haben,
was man davon erwartet hat. Allein, wenn
es auch eine Zeitlang die gehoffte Hülfe verschaffen sollte; so bleibt es doch immer eine
von den gefährlichen Palliativ-Curen, die
ein großes Uebel eine Zeitlang einschläfern,
damit es nachher mit desto schrecklicherer, in
der Stille gesammleter Gewaltsamkeit auf einmal über uns hereinbreche. Entsetzliche
Angst muß diejenigen, die den Gedanken des
Todes stets und sorgfältig zu vermeiden suchten, nothwendig alsdann ergreifen, wenn
sie bey den kleinsten unbedeutendsten Unpäß-
lichkeiten ihn schon herannahen sehen; und bey
schwerern Krankheiten muß diese Verhältnißmäßig steigende Seelenangst alle Heilung fast
unmöglich machen, wenn sie einem Uebel über-
antwortet zu werden glauben, dessen Gedanken ihnen schon bey unzerrüttetem Körper,
und ungeschwächten Nerven unerträglich war.
Selbst in den glücklichen Tagen des Wohlstandes

ſtandes können ſolche Menſchen die Freuden
des Lebens niemals mit einiger Sicherheit genießen, wenn der ſtets laurende Gedanke des
Todes, oft unerwartet aus ſeinem Hinterhal-
te hervorbricht; die Ruhe und Heiterkeit der
Seele iſt entweder ſtets unterbrochen, oder
doch erbettelt, da ein einziger plötzlicher trau-
riger Zufall, oder die Uebereilung eines un-
vorſichtig redenden Freundes ſie zu vernichten
im Stande iſt.

Aus dieſen Gründen ſtimmten faſt alle alte
Weltweiſe darin überein, daß es für einen
jeden denkenden Menſchen, der ſeine eigene
Ruhe liebe, unendlich beſſer ſey, ſich mit den
Gedanken des Todes ſo frühe, als möglich,
vertraut zu machen, und ruhig zu überlegen,
was Tod ſey, und uns entweder nehme, oder
gebe, als den Schrecken deſſelben durch Vergeſſenheit entgehen zu wollen. Ich glaube,
daß ihre Gedanken über den Tod, und ihre
Troſtgründe manchen eine nützliche Veran-
laſſung zum Nachdenken über dieſe Materie
werden können, und habe mir daher vorgenommen, ihre zerſtreuete Todesbetrachtungen,
in einer ſelbſt gewählten Ordnung mitzutheilen. Man wird, hoffe ich, eben das erfah-

ren,

ren, was ich mehrmalen an mir selbst
beobachtet habe, daß man so gar mit einem
gewissen stillen feyerlichen Vergnügen über einen Gegenstand nachdenken könne, der den
meisten Menschen höchst fürchterlich ist: und
eine solche Gelegenheit, selbst Todesgedanken
zu einer Quelle von Freuden zu machen, sollten weder glückliche, noch unglückliche unge-
nützt vorbey lassen.

Ungeachtet man es aber als einen von
dem größten Theile des menschlichen Geschlechts
geltenden Satz annehmen kann, daß die Liebe
zum Leben fast in allen Menschen so groß sey,
daß sie den Gedanken, es künftig einmal zu
verlieren, kaum ertragen können; so giebt es
doch auch Fälle, wo Menschen gegen den Besitz desselbigen nicht nur gleichgültig werden,
sondern so gar ihr Daseyn, als eine drücken-
de Last abzuwerfen suchen, und den Tod daher, als ihren einzigen Erretter mit der heis-
sesten Sehnsucht wünschen. Gleichgültigkeit
gegen Leben, und Sehnsucht nach dem Tode
werden in einzelnen Menschen um desto stärker,
je weniger sie mit jenem zu verlieren, und je
mehr sie bey diesem zu gewinnen glauben; je
lebhafter sie sich endlich die Kleinigkeit des

Ver-

Verlustes, und die Größe des Gewinstes denken. Weder die Verachtung des Lebens, noch
der Wunsch zu sterben, können selbst in den
Personen, in welchen sie sich finden, im gleichen Grade stark seyn, weil nicht alle mit dem
Leben gleich wenige und unbeträchtliche Güter einzubüßen, und wiedrum mit dem Tode
nicht gleich viel und große Seligkeiten zu erlangen glauben, und die Unbeträchtlichkeit
von jenem so wenig, als die Wichtigkeit des
letztern gleich lebhaft sich vorzustellen im Stande sind.

Aller Erfahrung und Geschichte zu Folge
ist die Erwartung des Todes, und die Gleichgültigkeit gegen das Leben in den Menschen
am allerruhigsten, die alles Gute, was sie
in ihrem Leben entweder zu genießen, oder
auszuführen gehofft hatten, wirklich genossen,
und vollbracht haben; deren sehnlichste Wünsche erfüllt, und deren Lieblings Entwürfe
alle ausgeführt sind, ohne daß sie neue zu
bilden, Muth oder Lust genug hätten. Von
Menschen in solchen Lagen kann man im ei-
gentlichsten Verstande sagen, daß sie mit Leben gesättiget sind; sie müssen es nothwendig
als ein ganz ausgebrauchtes Gut, und den

Tob

Tod als eine Erſcheinung anſehen, die ihnen
etwas nimmt, was ſie ſelbſt wenig oder gar
nicht mehr nützen konnten. Helden alſo, die
in ihren Siegen, und Eroberungen die Gränzen ihrer kühnſten Wünſche nicht nur erreich-
ten, ſondern überſchritten: große Geiſter, die
am Ende der Laufbahn, die ſie zurück zu legen, ſich vorgenommen hatten, von ihren
vollbrachten Arbeiten ſowohl, als von dem
einſt ſo ſehr gewünſchten aber bald beſchwer-
lichen Ruhme gedrückt zu werden anfiengen.*)
Den-

*) Der ſterbende Epikur ſchrieb an ſeinen Freund
Hermachus ſo : Cum ageremus vitae beatum,
et eundem ſupremum diem, ſcribebamus
haec. Tanti autem morbi aderant veſi-
cae et viſcerum, et nihil ad eorum magni-
tudinem poſſet accedere. Compenſabatur
tamen cum his omnibus animi laetitia,
quam capiebam memoria rationum, inuen-
torumque noſtrorum. — Non ego ( ſetzt
Cicero hinzu,) iam Epaminondae, non Leo-
nidae mortem, huius morti antepono. ( de
Finib, II, c, 30.).

Denkende Wollüstlinge, die den Becher der
menschlichen Freuden bis auf seine Hefen aus-
geleert hatten, hielten den noch übrigen Rest
ihrer Tage für ein kleines unbeträchtliches
Gut, das sie mit der größten Gelassenheit ab-
zutreten, bereit waren, und den Tod für ein
so kleines Uebel, das eines verdrüßlichen
Schauders, so wenig, als das Leben eines
ernstlichen Wunsches werth sey. *) Bey allen diesen gründet sich die Gleichgültigkeit gegen das Leben und Tod, der unerschütterte
Muth, jenes zu verlieren, und diesen ruhig
zu empfangen, allein oder doch vorzüglich auf
das Bewußtseyn eines recht genossenen, und
wohl angewandten Lebens.

Ich

*) So dachten St. Evremont, Chaulieu, la Fa-
re, und alle Mitglieder der fröhlichen Gesellschaften, wovon diese Männer in Frankreich und
Engelland Häupter und Anführer waren. Ich
würde Stellen aus ihren Werken anführen, wenn
ich nicht befürchtete, zu viel abschreiben zu müssen, und zugleich glaubte, daß diejenigen, die
dieß lesen, mit den Schriften dieser jungen Schüler des Epikurs bekannt seyn werden.

Ich habe, sagt der sterbende Cyrus beym Xenophon, (Cyrop. VIII. 7.) als Knabe, und Jüngling, als Mann und Greis alles Gute erfahren, und genossen, was man in einer jeden dieser Stufen des menschlichen Alters erfahren, und genießen kann. Kräfte und Glück wuchsen mit den zunehmenden Jahren so, daß ich kaum den Uebergang von der Jugend zum Alter, und den Unterschied dieser beyden Theile meines Lebens gemerkt habe. So weit ich zurück denken kann, habe ich nichts vergebens gewünscht, auch niemals etwas unternommen, was nicht durch einen glücklichen Ausgang wäre gekrönt worden. Alle meine Freunde habe ich durch meine Bemühungen in dem blühendsten Wohlstande gesehen; so wie ich meine Feinde und Widersacher ohne Ausnahme mir unterwürfig gemacht habe. Mein vorher unbekanntes Vaterland habe ich durch ganz Asien berühmt gemacht; alle meine Eroberungen hinterlasse ich, ohne den geringsten beträchtlichen Verlust erlitten zu haben. Mein ganzes vergangenes Leben war so glücklich, daß ich noch immer etwas zu hören, zu sehen, oder zu leiden fürchtete, was die Fortdauer der ununterbrochenen Heiterkeit meiner

Mein. Schr. 2 B.      M      Seele

Seele bis ans Ende meiner Tage schwer, oder
unmöglich machte. Allein bey dem sich jetzt
herannahenden Tode verlasse ich euch meine
Kinder, eben so wie die Götter euch mir geschenkt haben: endlich mein Vaterland, und
alle meine geliebten Freunde in einem Zustande von beneidenswerther Glückseligkeit.

In dem letzten Wiedergenusse eines so
schön gebrauchten Lebens, in welchem weder
Ehrsucht des Helden der Privat-Glückselig-
keit des Mannes, noch die Tapferkeit des
Kriegers, der Sanftmuth des Menschenfreun-
des Abbruch gethan hätte, konnte Cyrus freylich mit der, in der ungekünstelten Erzählung
des Xenophons so rührenden, und doch nicht
prahlerischen Ruhe von den ihn umringenden
Kindern und Freunden scheiden. Ich habe,
sagt er, mehrere Gründe zu hoffen, daß meine Seele nach dem Tode des jetzt zusammen-
fallenden Körpers nicht untergehen, noch die
ihr eigenthümliche Vorzüge verlieren werde.
Allein, wenn sie auch zugleich mit dem Leibe
sterben sollte; so ist auch dieß bevorstehende
Schicksal nicht im Stande, mich niederge-
schlagen und trostlos zu machen. Was kann
für einen Menschenfreund süßer und beseligen-
der

der seyn, als die Vorstellung, mit der Erde
wieder vereinigt zu werden, die alles, was
gut und schön ist, erzeugt und ernährt, die
ihn selbst so lange getragen und erhalten hat?
Was tröstender, als der Gedanke, durch die
Rückkehr der aufgelösten Theile seines Körpers in den Schoos der mütterlichen Erde
auch nach dem Tode noch den Menschen nützlich zu werden, welche zu lieben, und glücklich zu machen, im Leben selbst seine wichtig-
ste Beschäftigung war.

Mit eben der gesetzten Gemüthsverfassung
erwartete der ältere Kato den Beschluß eines
ruhmvollen Lebens, das ganz in dem Dienste
seines Vaterlandes verbraucht war. Er war
Rom im Friede und in Kriegen, in niedrigen
und hohen Bedienungen, durch kühne Thaten
und weise Rathschläge, kurz: auf alle die verschiedenen Arten nützlich gewesen, in welchen
ein Römer seiner Republik nur bieten könnte.
Er hatte das entzückende Vergnügen genossen,
das stolze Carthago bis zur Sclavin erniedri-
get zu sehen, und hegte nur noch den einzigen Wunsch, daß diese noch immer gefährliche Mitbuhlerin Roms vertilgt werden möchte. Der Mäßigkeit seiner Jugend hatte er einen

M 2 ge-

gesunden Körper, seiner Sparsamkeit Reichthümer, die seine Bedürfniß überstiegen, und
seinem thätigen Patriotismus die allgemeine
Achtung aller Stände seiner Mitbürger zu
danken. Das Leben war ihm so wenig zur
Last, daß er noch immer an den Vergnügungen des Landlebens, und der Wissenschaften,
denen er sich erst in seinem hohen Alter ergab,
mit sehr vielen Eifer Theil nahm. So wie
sein Leben eine an einanderhängende Kette
glücklicher Tage, und schöner Thaten gewesen
war, so schien das Alter ihm die rechte Zeit zu
seyn, wo der Mensch des einst genossenen, und ge-
stifteten Guten durch Wiedererinnerung sich erfreuen müßte, *)—— Und doch sah dieser mun-
tere, ruhmvolle, geehrte Greis das Leben mehr
für eine Herberge, als für eine bleibende Behau-
sung an, aus der er bey der geringsten Aufforde-
rung der Natur ohne Widerwillen heraus gehen
könnte. Ungeachtet er sich bewußt war, daß
er nicht vergebens gelebt hätte, es ihn auch
gar nicht reute, gelebt zu haben; so wünschte
er

*) Fructus autem senectutis est ante partorum
bonorum memoria, et copia.

er doch nicht, selbst, wenn ein Gott es ihm gewähren wollte, in die Windeln zurück zu kehren, und die Laufbahn, deren Ende er fast erreicht hatte, noch einmal durchzugehen. Er sah sich und andre Greise als reife Früchte an, die zu ihrer Zeit in dem Schoos der Natur zurück fallen müßten: und glaubte, daß es beym Genuß des Lebens, wie bey andern Gütern, eine gewisse Sättigung gebe, die das Sterben selbst alsdenn wünschenswerth mache, wenn man sich auch nicht mit der Hoffnung eines andern glücklichen und ewigen Lebens schmeicheln könne.

Diese ruhige Gleichgültigkeit, wo man weder dem Leben mit Aengstlichkeit anhängt, noch dem Tode mit Aengstlichkeit auszuweichen sucht, ist ganz von dem bittern Ekel des Lebens, und der fürchterlich hartnäckigen Ungedult zu sterben unterschieden, die in unglücklichen Personen durch solche Leiden erregt werden, die sie entweder für unerträglich, oder für unheilbar halten.

Das Leben ist allen empfindenden Geschöpfen, nur so lange ein Gut, dessen Besitz und Erhaltung sie wünschen, so lange die

Summe

Summe der Freuden, die sie selbst genießen,
oder andre genießen lassen, die Summe von
Uebeln überwiegt. Liebe zum Leben müßte
daher bey einer jeden Krankheit, oder in allen übrigen Unfällen, die uns eine Zeitlang
mehr unglücklich, als glücklich machen, verschwinden, wenn nicht der Gedanke, der allen Elenden, wie ein wohlthätiger Genius
stets vorschwebt: vom gegenwärtigen Uebel
bald befreyt zu werden, ihnen Muth ihr Leid
zu ertragen, — und der Vorgenuß aller ihrer noch vorbehaltenen Freuden ihnen stets
neue Kräfte gäbe. Personen also, die an
Leib oder Seele krank sind, wünschen immer
nur so lange zu leben, als sie von ihrem ge-
genwärtigem Leiden befreyt, und durch künftige Güter belohnt zu werden, sich schmeicheln: allein so bald diese stärkende Hoffnungen verschwinden, und über Elende sich nicht
bloß die Lasten des gegenwärtigen, sondern
auch des künftigen Jammers wälzen, so er-
liegen sie endlich unter diesem Uebergewichte
zusammengehäufter Uebel. Alle Bande, die
sie ans Leben fesselten, zerreissen: und sie
fliehen von der brennenden Folterbank des
Lebens in die kalten Arme des Todes,

um

am zu einer süßen ungestörten Ruhe zu ge=
langen.

Unter allen den verschiedenen Haufen
menschlicher Geschöpfe, womit der Vater des
Ganzen die Erde übersäet hat, sind keine, de=
nen er eine stärkere Anhänglichkeit ans Leben,
und einen heftigern Abscheu vor dem Tode ge=
geben hätte, als den Negern an der westlichen
Küste von Afrika von Senegall an bis nach
Loango hinunter: keine, die er sowohl gegen
Schmerzen, und natürliche Uebel, als gegen
schimpfliche, und ungerechte Begegnungen
anderer, mit mehr Unempfindlichkeit ausge=
rüstet hätte: keine endlich, die er so sehr zu
Sclaven für andere geschaffen, und dieser
Bestimmung wegen mit mehr leidender Ge=
dult bewaffnet zu haben scheint: allein eben
diese den Tod so sehr scheuende, und zur här=
testen Sclaverey gewöhnte Menschen nehmen
sich selbst mit unüberwindlicher Festigkeit des
Entschlusses, Gesundheit und Leben, wenn
sie von ihrem väterlichen Boden, und aus
den Umarmungen ihrer Weiber, Kinder, Ael=
tern und Freunde weggerissen, und unter ei=
nen fernen Himmel versetzt werden, wo sie
nichts als erschöpfte ausgemergelte Landsleu=

M 4     te

te um sich, und nur Ungeheuer über sich haben, deren wütender Grausamkeit nicht einmal durch die einzige Triebfeder ihrer Seelen,
den Eigennutz, Schranken gesetzt werden. —
Sie fliehen daher nach dem Labat bey ganzen
Haufen in Wälder, und erhenken sich in Gesellschaft; oder, wenn sie davon zurückgehal-
ten werden, schlucken sie so viele unreine
und unverdauliche Sachen ein, bis sie durch
Auszehrung oder Wassersucht von dem Unglück ihres Daseyns befreyet werden.

Eben die Wirkungen, die durch gegenwärtige überwiegende Uebel, und durch anhaltende unheilbare Leiden hervorgebracht werden, zeigen sich auch in solchen Personen, die
allein durch die Beraubung eines, oder mehrerer Güter elend geworden sind, deren Besitz fast ausschließend ihre Glückseligkeit aus-
machte. Die Entrückung eines einzigen Guts,
an dem wir mit unserer ganzen Seele hingen,
erzeugt gleichgültige Gefühllosigkeit, und selbst
Haß gegen alle übrige Freuden des Lebens,
vernichtet, oder vermindert den Werth der
Güter, an denen wir sonst Theil nahmen,
und versenkt uns daher ganz in den unergründ-
lich tiefen Gedanken über die Größe, und Un-
ersetz-

erſetzlichkeit unſers Verluſts. Das Leben wird
eine ſchreckliche Wüſte, in der dem Nieder-
geſchlagenen nichts als der Schatten ſeines
verlohrnen Guts begegnet, und aus der ihm
nur die Klagetöne ſeines eigenen Jammers
entgegen ſchallen: die ſtets wiederkehrende
Vergleichung deſſen, was er ehemals war,
mit dem, was er jetzt iſt, erhöht das gegenwärtige Elend, wie die Größe der einſt ge-
noſſenen Glückſeligkeit, und endigt ſich endlich mit einem nicht länger zu ertragenden
Haſſe eines Lebens, das alle Freuden für ihn
verlohren hat. Geſalbte Häupter, denen das
feindſelige Verhängniß ihre goldene Kronen
abriß, Liebhaber, und Liebhaberinnen, Aeltern, Freunde und Kinder, denen die Gegenſtände ihrer Zärtlichkeit genommen, Ehrſüch-
tige, deren zuſammengetraumte Phantome
zerſtöhrt wurden, eilten daher ſtets aus einem
freudenloſen Leben, um hinter den Gräbern
den verlohrnen Schatz wieder zu finden, oder
wenigſtens aus dem unerſchöpflichen Lethe des
Todes die Vergeſſenheit ihres Leidens zu trinken. Ohne Schauder empfing die unglückliche Maria von Schottland die Nachricht ihres
nahen, eben ſo unverdienten, als unwürdi-

M 5

gen

gen Todes. Sie bestieg das schreckliche
Blutgerüst mit einem stärkern Muth, als womit sie sich ehemals auf ihrem väterlichen
Thron erhoben hatte, und legte selbst mit Heiterkeit ihr Königliches Haupt hin, das der
Gram eines zwanzigjährigen Gefängnisses
schon weis gefärbet hatte. — Wahrscheinlich *) war es anfänglich unleidliche Sehnsucht

*) Nach dem Hollwell (Interesting Historical Events,
&c. P. II. p. 90.) verbrannten sich die Weiber
des ersten Gesetzgebers, und Propheten Bramah
aus untröstlichem Schmerze über den Verlust ihres verstorbenen Gemahls. Die Weiber der vornehmsten Rajah's folgten diesem heroischen Beyspiele, und von der Zeit an thaten die Brahminen den Ausspruch: daß die Seelen solcher Heldin-
nen, die ihren Ehemännern aus freyer Wahl im
Tode nachfolgten, von allen fernern Wanderun-
gen befreyet, und in dem ersten Boboon der
Reinigung versetzt würden. — Die Wittwen der
Indianer waren zwar niemals gezwungen, sich
nach dem Tode ihrer Männer zu verbrennen; allein, wann Liebe zum Leben sie von diesem Schrit-
te zurückhält, so werden sie doch als ehrlose,
das Heil ihrer Seelen sowohl, als das Glück ihrer

ſucht nach einzig geliebten Ehemännern, die
die hülfloſen zurückgelaſſenen Weiber der Jndia-
ner in brennende Scheiterhaufen trieb, und
die ſich nachher mit andern Urſachen vereinigte, um aus einer ſolchen Nachfolge in Tode
eine faſt zwingende grauſame Sitte zu machen. Eben ſo war, allen Vermuthungen
nach, der unerträgliche Schmerz über den
Verluſt

rer Familie vernachläßigende Perſonen, verachtet.
Die erſte Frau eines verſtorbenen Jndianers hat
zuerſt das Recht den Scheiterhaufen zu beſteigen,
ein Recht, das der zwoten Frau zufällt, wenn
die erſte davon Gebrauch zu machen ſich weigert.
Oft entſteht unter den nachgelaſſenen Wittwen
ein Streit, welche den ruhmvollen Tod ſterben
ſoll, der aber von den Brahminen gewöhnlich zum
Vortheil der erſten unter den Wittwen entſchie-
den wird. Jhren Entſchluß zu ſterben dürfen ſie
nicht eher, als 24 Stunden nach dem Tode des
Mannes bekannt machen; allein wenn ſie ihn auch
einmal in Gegenwart mehrer Brahminen und
Zeugen zu erkennen gegeben haben; alsdenn können ſie ihn nicht mehr nach Belieben ändern:
ſondern ſind gezwungen ſelbſt wider ihren Willen
ſich verbrennen zu laſſen.

Verlust großmüthiger Beschützer die Ursache, weswegen ehemals in Germanien, und noch jetzt in manchen andern Gegenden der Erde, treue Diener, und Begleiter sich auf den Gräbern der Helden in ihre Schwerder stürzen.

Oft bedarf es weder unheilbare Uebel, noch des Verlustes unschätzbarer Güter, um Menschen in den heftigsten Ekel des Lebens zu versenken; dann und wann kann in den schönsten Tagen des Wohlstandes und der Gesundheit, die blos lebhafte Vorstellung künftiger entweder gewisser, und wahrscheinlicher, oder auch nur möglicher Uebel eine eben so ungeduldige Begierde zu sterben erzeugen. Hegesias wußte alle Mühseligkeiten des menschlichen Lebens von den Windeln bis zum Grabe so künstlich zusammen zu drängen, mit so starker Beredsamkeit zu mahlen, und gleichsam empfinden zu machen, daß sehr viele von seinen Zuhörern gewaltsame Hände an ihr eigen Leben legten. Er wurde daher im Alterthum der Lobredner (πεισιθανατος) des Todes genannt, und mußte durch einen königlichen Befehl eines der Ptolemäer von seinen Todes-Predigten zurück gehalten werden. Unter den
Römi=

Römiſchen Imperatoren ſtarben viele eines freywilligen ſelbſt gewählten Todes, weil ſie die Vorbedeutungen von Ungnade wahrzuneh= men, und ſich ſelbſt nicht mehr ſicher glaub= ten. Sie beſtätigten die Bemerkung des Epi= kurs, daß viele Menſchen ſchwach oder unſin= nig genug ſind, aus Furcht vor dem Tode zu ſterben, und ſich der Vernichtung zu überlie= fern, um von dem Gedanken derſelben nicht länger gequält zu werden. (Senec. Epiſt. 24.)

Nicht blos Uebel die wir ſelbſt als gegen= wärtig empfinden, oder als künftig fürchten; nicht blos die Beraubung von Gütern, die unſere eigene Glückſeligkeit ausmachten; ſon= dern ſogar das Mitleiden, und ſympatheti= ſcher Schmerz bey den Unfällen anderer, kann ſo unerträglich werden, daß er alle Luſt zu leben raubt. Der große Rechtsgelehrte Ner= va faßte im vollen Beſitz der Kaiſerlichen Gnade, und in aller der Sicherheit des Glücks, die unter einem ſolchen Tyrannen, als Tibe= rius war, nur ſtatt fand, den feſten Ent= ſchluß zu ſterben, in welchem er, ungeachtet aller Bitten und Gegenvorſtellungen des Kai= ſers ſelbſt, unbeweglich beharrete. Man
wußte

wußte von dieser Entschließung keinen andern
Grund anzugeben, als daß dieser große und
rechtschaffene Mann sich länger unfähig fühlte,
den Anblick seines so sehr erniedrigten Vaterlandes, und seiner unglücklichen Mitbürger
zu ertragen. \*) Otho der Gegner des Vitel-
lius rührte durch die Bereitwilligkeit, womit
er seinem unwürdigen Feinde die Herrschaft
der Welt abtrat, durch die in jenen Zeiten so
seltene

\*) Haud multo post Cocceius Nerua, conti-
nuus principis, omnis diuini humanique
iuris fciens, integro ftatu, corpore illaefo,
moriendi confilium cepit. Quod vt Tibe-
rio cognitum, adfidere, cauffas requirere,
addere preces, fateri poftremo graue con-
fcientiae, graue famae fuae, fi proximus
amicorum nullis moriendi rationibus vitam
fugeret. Auerfatus fermonem Nerua.
Abftinentiam cibi coniunxit. Ferebant
gnari cogitationum eius, quanto propius
mala Reipublicae viferet, IRA et metu,
dum integer, dum intentatus, honeftum
finem voluiffe. *Annal. Taciti VI. 26.*

ſeltene Vaterlandsliebe, womit er ſein Pri-
vatunglück von dem Unglücke ſeiner Mitbürger trennte, durch die Sorgfalt für die Wohlfarth derjenigen, die ihr Leben und Gut bisher für ihn gewagt hatten, durch die bewun-
dernswürdige Gleichgültigkeit gegen ſein eige-
nes Leiden, endlich durch den ſchönſten Tod,
der ein beſſeres Leben hätte beſchließen ſollen,
viele von ſeinen Kriegern ſo ſehr, daß ſie allein aus Traurigkeit über das unwürdige
Schickſal eines ſolchen Mannes ſich ſelbſt das
Leben nähmen. *) Hiſt. Tac. II. 49.

Die

*) Eine der wichtigſten Urſachen des Ekels des Le-
bens, wie des Selbſthaſſes, und der Verzweifelung habe ich, im Texte anzugeben, vergeſſen,
und ich will ſie daher in einer Note nachholen.
Dieſe iſt Reue über begangene Ungerechtigkeit,
die um deſto freſſender und unheilbarer iſt, je
mehr uns die Perſon, die wir beleidigten, werth
war, und je unerſetzlicher das angethane Unrecht
iſt. — Eliſabeth hatte das Todesurtheil des
Grafen von Eſſex unterſchrieben, weil ſie ihm
einer unverzeihlichen Unbiegſamkeit ſchuldig glaubte. Als ſie aber nachher ihren ehemaligen Geliebten, durch das Bekenntniß der ſterbenden
Gräſin

Die Gleichgültigkeit gegen Leben und Tod,
so gar der Haß des Lebens, und die Sehnsucht

Gräfin von Nottingham unschuldig befand, und
zu glauben anfing, daß sie die einzige Ursache
seines grausamen Todes gewesen sey; wurde sie
von Selbsthaß, Verzweiflung und Reue auf einmal so heftig überfallen, daß sie durch kein Zure-
den bewogen werden konnte, Arzeneyen zu sich
zu nehmen, oder sich zu Bette zu legen. Sie
saß zehn Tage und Nächte in einem sinnlosen
Stillschweigen mit starren auf den Boden gehef-
teten Augen, in ihre Schwermuth ganz versenkt, und starb endlich an einer Zerrüttung des
ganzen Körpers, wovon es, glaube ich, wenig
Beyspiele gegeben hat. (History of Scotland. Vol.
II. p. 242.) Die Beschreibung dieses entsetzlichen
Todes der großen Elisabeth macht ganz andere
Eindrücke, wenn man sie ganz abgerissen ließt,
als wenn man kurz vorher die Geschichte der Hin-
richtung der Maria von Schottland gelesen hat.
Im ersten Falle schlägt das Herz eines jeden, nicht
ganz unempfindlichen Menschen vor quälenden
Mitleiden: im andern Falle hingegen sieht man
ihr allmähliges Verschmachten kaum als eine ge-
nugthuende Strafe für die unerhörte Grausamkeit an, womit sie eine hülflose Königin, die zu
ihrer

ſucht es zu endigen, die durch ſo mannichfaltige Urſachen hervorgebracht werden, können durch eben ſo vielerley Umſtände in verſchiedenen Menſchen theils geſchwächt, theils noch unglaublich erhöht werden. Selbſt in denjenigen Perſonen, die den Tod ruhig erwarten, oder ſehnlichſt wünſchen, hängt die Fortdauer ihrer gleichgültigen Ruhe, die Stärke und Schwäche der Sehnſucht ſehr davon ab, wofür ſie den Tod halten, ob für ein gänzliches Aufhören alles Lebens und Bewußtſeyns, oder für einen Begleiter in ein anders Leben? ferner ob ſie in dieſem andern Leben eine Verbeſſerung oder Verſchlimmerung ihres Schickſals erwarten? und endlich kommt es ſehr darauf an, unter welcher Geſtalt ſie ſich den

Tod

---

ihrer Gnade ihre Zuflucht genommen hatte, faſt 20 Jahre lang marterte, und nachher zum ſchimpflichſten Tode führen ließ. Der lebhafte Haß, den man dieſer That wegen gegen die Eliſabeth gefaßt hatte, wird durch ihr trauriges Ende größtentheils aufgehoben, ohne daß aber doch merkliche Empfindungen des Mitleidens in der Seele aufkommen können.

　　　　　N

Tod vorstellen, oder unter welcher er sich ih: nen darbietet.

So wenig der Ausdruck Tod allen Men: schen daſſelbige ſagt, eben ſo wenig ſehen ver= ſchiedene oder auch dieſelbigen Menſchen zu verſchiedenen Zeiten den Zuſtand des Nicht= ſeyns immer von derſelbigen Seite an. Ei= nige die durch das Uebermaaß gegenwärtiger, oder künftiger Uebel zum Haſſe des Lebens be= wogen werden, finden ſelbſt in den Gedan= ken des Todes, als einer gänzlichen Berau= bung alles Lebens, Empfindens und Den= kens, etwas einladendes: für andere hinge= gen iſt der Gedanke des Nichtſeyns ſo entſetz= lich, daß er nicht allein den größten Ekel des Lebens überwindet, ſondern auch zur ruhigen Ertragung aller der Unfälle, die Menſchen nur treffen können, Gedult einflöſt. Jene ſe= hen ihn als einen ſüſſen Schlaf an, der durch keine unruhige Träume mehr geſtört wird, und in dem ſie von allen ihren Leiden ruhen; als einen Zuſtand der Sicherheit, wo ſie dem Wüthen der Elemente, und der Bosheit der Menſchen entrückt ſind, wohin weder Schmer= zen des Körpers, noch Quaalen der Seele ſie weiter verfolgen können; endlich als eine

Rück=

Rückkehr" in eben das harmlose Nichts, in welchem sie vor ihrer Geburt begraben lagen. *) Nothwendig muß der Zustand einer gänzlichen Unempfindlichkeit, von dieser Seite betrachtet, allen Elenden einem Leben vorzuziehen scheinen, in welchem sie mehr Böses als Gutes empfangen zu haben sich einbilden.

Andern, die den Tod gleichfalls für eine nie wiederherzustellende Auflösung des ganzen

,Men-

*) So dachte sich Cäsar den Zustand des Nichtseyns. (Sallust. Bell. Catilin. c. 49.) De poena possum quidem dicere, quod res habet; in luctu atque miseriis, mortem aerumnarum requiem, non cruciatum esse; eam cuncta mortalium mala dissoluere, vltra neque curae, neque gaudio locum esse. Cato antwortet auf diese Betrachtungen weiter nichts, als: Bene et composite C. Caesar paulo ante in hoc ordine de vita et morte disseruit, credo falsa existimans ea, quae de inferis memorantur, diuerso itinere malos a bonis loca taetra, inculta, foeda, atque formidolosa habere.

Menschen, und für eine Zerstreuung seiner
Bestandtheile in allen Enden des Universums
halten, erscheint eben dieser Gedanke, doch
von einer ganz andern Seite.     Diese denken
sich den Zustand einer ewigen Unempfindlichkeit nicht als das Ende aller menschlichen Leiden, sondern als das Ende aller Freuden und
Hoffnungen: nicht als einen Ort der Ruhe
und Sicherheit, sondern als einen Zustand,
wo sie anfangs den heßlichsten Würmern zum
Raube hingeworfen, und nachher durch nie
aufhörende Verwandlungen der stets schaffenden, und wieder zerstörenden Natur in alle
Theile und Körper der Welt vertrieben werden.     In einer solchen fürchterlichen Gespen-
stergestalt muß Mäcen den Gedanken des
Nichtseyns erblickt haben, als er den schänd-
lichen Wunsch äuserte, mit Freuden verstüm-
melt, gepeinigt, selbst gekreuzigt zu werden,
wenn ihm nur das Leben gefristet würde.
Seneca Ep. CI. Inde illud Maecenatis
turpissimum votum:

> Debilem facito manu,
> Debilem pede, coxa:
> Tuber adstrue gibberum,
> Lubricos quate dentes.

Vita

Vita dum super est, bene est.
Hanc mihi, vel acuta
Si sedeam cruce, sustine:

Nach dem Plutarch (ὅτι ὐδε ζῆν ἐϛι
ἡδέως κατ' Ἐπικ⸗ον. Tom. III. Opp. Ed.
Steph. p. 2029.) stimmt der größere Theil
der Menschen in die Gesinnungen des Mäcens
ein, und hält die gänzliche Beraubung des
Lebens, und der Empfindung die Epikur ver⸗
kündigte, für ein größeres Uebel, als ein
peinvolles, unglückliches Leben nach diesem
Tode. *) Die Furcht vor dem Tode sagt Plu⸗
tarch, entsteht bey den meisten Menschen nicht
aus den schreckenvollen Bildern des Cerberus,
und Tartarus, sondern aus der Furcht vor
allem Nichtseyn, das sie mehr als alle Quaa⸗
len des Orkus verabscheuen, weil gar keine

N 3　　　　Hoff⸗

*) Quod miferrimum erat, si incidisset, opta-
tur: et tanquam vita petitur, supplicii
mota. — Est tanti, vulnus suum premere,
et patibulo pendere districtum, dum diffe-
rat id, quod est in malis optimum, supplicii finem.

Hoffnung irgend einer Veränderung, oder
Verbesserung des Schicksals mehr übrig bleibt.
Eben so grausenvoll scheint der Gedanke der
Vernichtung, sich Young in seiner siebenten Nacht
dargebothen zu haben. Der schreckliche
Wunsch mit dem Tode unterzugehen ist, (sagt
er) der letzte sterbende Seufzer eines Geschöpfs,
das durch die schwärzeste Bosheit aufgerieben
ist. Der Gedanke der Vernichtung, fährt er
fort, ist ein Aftergedanke der nicht eher entsteht, als bis die Tugend gestorben ist. Ein
Abgrund von Entsetzen ist (so schließt er) in
diesem Gedanken eingeschlossen, dessen Wahrheit Niemand wünschen kann, ohne das Nicht-
daseyn der Gottheit zu wünschen. — Haben
sich alle diese wahre oder eingebildete Schrecken des Nichtseyns einmal einer schwachen
Seele bemeistert; so lassen sie selbst bey dem
unerträglichsten, oder unheilbaren Leiden den
Wunsch zu sterben nicht aufkommen, oder wenigstens nicht wirksam werden. Menschen
lassen sich lieber, wie Perseus, Kronen und
Scepter rauben, und gehen als gefesselte
Sclaven vor dem Triumphwagen des Siegers
unter den blutigsten Beschimpfungen her, als
daß sie sich allen Arten von Drangsalen durch
einen

einen muthigen Streit entziehn, und sich in
die undurchbringliche, von keinem Strahle
des Lebens und der Hoffnung erleuchtete Finsterniß des Grabes stürzen sollten.

Das Letzte, was den Ekel des Lebens,
und die Sehnsucht auf eine sehr merkliche Art
modificirt, sie um mehr oder weniger Grade
herabstimmt, ist der Gesichtspunct, aus welchem der Elende den entscheidenden Augenblick
betrachtet, der ihn vom Seyn ins Nichtseyn
versetzt. Viele haben sich nicht so sehr vor der
Gefühllosigkeit, die auf den Tod folgt, als
vor den Martern gefürchtet, die vor dem ge-
waltsamen Brechen der Lebenskräfte, oder
dem peinlichen Absterben einer jeden Nerve vor-
hergehen. Schon Epicharmus sagte, daß er
sich um das, was er nach der Auflösung seines Körpers seyn werde, gar nicht bekümme-
re, aber doch nicht gerne in den Tod gehen
möchte. *) Auch Epikur wußte, daß viele
das Nichtseyn weniger als die schmerzliche
Annäherung zum Tode verabscheuten, und
richtete dahero seine Freunde durch eine allge-

N 4 meine

*) Emori nolo: sed me esse mortuum, nihil
aestimo. Cic. Tusc. quaest. I. 8.

meine Beobachtung auf, die seine eigene Krankheit nachher widerlegte, daß der heftigste
Schmerz nur kurz, der anhaltende hingegen
erträglich sey, und daß wir entweder vom
Schmerze oder der Schmerz auch von uns gebrochen werden müsse. Der Todesarten giebt
es schon der Erfahrung nach unzählige, die
eine nur mäßig lebhafte Einbildungskraft bis
ins unendliche vervielfältigen kann. Es
kommt also sehr darauf an, welchen von den
vielen Wegen, die zum Tode führen, die
Einbildungskraft einer nach dem Ende des Lebens sich sehnenden Person einschlägt; ob einen kurzen, oder langen, ob einen gebahnten
oder ungebahnten, einen ganz mit Dornen
verwachsenen, oder endlich einen solchen, wo
Blumen und Dornen wenigstens mit einander
vermischt sind. Eine falsche Wendung, die
einer nimmt, kann Ursache werden, daß er
bey dem beschwerlichsten Ueberdrusse des Lebens, bey dem aufrichtigsten Wunsche, vernichtet zu seyn, doch immer nur am Rande des
Grabes herum irrt, und zum Sterben selbst
nicht Muth genug hat.

Sehr wenige Menschen pflegen sich gerne
bey dem Gedanken aufzuhalten, daß es nur
einen

einen Eingang ins Leben, aber unbeſchreib-
lich viele Auſgänge aus demſelbigen gäbe;
allein die meiſten haben auch ohne Cicero die
Bemerkung gemacht, daß ſelbſt die gewöhnlichen, und ſich oft ganz ähnlichen Todesarten von allen Menſchen nicht im gleichen Grabe gefürchtet werden. Einige wünſchen am
meiſten auf dem Bette der Ehren zu ſterben:
und ſelbſt unter dieſen fürchten wieder einige den
Tod weniger in der Schlacht; andere weniger
im Gefechte mit einem einzelen Gegner. Die
meiſten Menſchen hingegen ſterben lieber auf
dem Krankenbette, weil ſie einen ſolchen Tod für
weniger gewaltſam halten: und unter dieſen
ſind wiedrum einige, die durch langſame,
andere die durch hitzige Krankheiten, einige
die im Schooße ihrer Familie, andere die in
der Entfernung von allen geliebten Perſonen
aus dem Leben entrückt zu werden wünſchen.
Ein jeder von uns hat immer eine Todesart, die ihm am wenigſten ſchrecklich ſcheint,
und wiedrum mehrere andere, deren Vorſtel-
lung er kaum auszuhalten vermag. *) — So

N 5 bald

*) Ein jeder Menſch, wenn er ſich über dieſen
Punct genau unterſucht, wird ſich ſelbſt über den
ſon-

balb alſo Elende von ihrem Leben gedrückt zu
werden anfangen, und nach einer baldigen
Be=

ſonderbarſten Biſarrerien antreffen. Ich kenne
Leute, die lieber von einem Hauſe, als von ei=
nem Thurme herunter fallen möchten, wenn in
beyden Fällen der Tod auch gleich gewiß wäre;
andere die lieber in einem mäßigen Strome, als
in der ſtürmiſchen See ertrinken, von einer
Büchſenkugel eher, als von einer Kanonen=
kugel getroffen ſeyn möchten. On peut
avoir (ſagt Rochefaucault) divers ſujets de de-
gout dans la vie; mais on n'a jamais raiſon de
mepriſer la mort: ceux-memes, qui ſe le don-
nent volontairement, ne la comptent pas pour ſi
peu de choſe; et ils s'en etonnent, et la rejet-
tent comme les autres, lorsqu'elle vient à eux par
une autre voye, que celle, qu'ils ont choiſie. L'inega-
li:é, que l'on remarque dans le courage d'un
nombre infini de vaillans hommes, vient de ce, que
mort ſe decouvre differemment à leur imagina-
tion, et y paroit plus preſente en un tems, qu'en
un autre: ainſi il arrive, qu'apres avoir mepriſé
ce, qu'ils connoiſſent pas, il, craignent enfin ce,
qu'ils connoiſſant. Il faut eviter de à envi-
ſager avec toutes ſes circonſtances, ſi on ne veut
pas croire, qu'elle ſoit le plus grand de tous les
maux. — Tout homme, qui la fait voir telle,
qu'elle

Befreyung seufzen, so hängt die Lebhaftigkeit.
dieses letzten Wunsches, und der Eifer ihn in
Erfüllung zu bringen, sehr davon ab, auf
welche Todesart die Phantasie zuerst hinge=
worfen wird. Fällt sie von ohngefähr auf
eine solche Gestalt des Todes, in welcher sie
ihn in glücklichern Tagen als Freund, oder
doch als einen nicht sehr schrecklichen Feind
zu sehen gewohnt war, so bleibt der Wunsch
zu sterben mit unverminderter Kraft in der
Seele herrschend. — Dringt sich hingegen
in den ersten trüben Augenblicken, wo die
Seele das Leben, als ein unleidliches Uebel
zu hassen anfängt, eine von den entsetzlichen
Larven des Todes auf; so kann Sehnsucht
nach dem Tode entweder gleich bey ihrer Ent=
stehung erstickt, oder doch wenigstens durch
die

qu'elle est trouve, que c'est une chose epou van=
tablu. Der Ausspruch und das Ansehen eines
so großen Mannes kann vielleicht einige in Schre=
cken setzen: diesen empfehle ich zu ihrer Beruhi=
gung das 19. Kap. des 1. und das 6te Kap. des
2ten Buchs in den Versuchen von Montagne
nachzulesen, der über den Tod ganz anders rai=
sonnirt,¹ als Rochefaucault. Man sehe auch
Charron de la Sagesse II. Ch. XI.

die Furcht vor einem selbst gebildeten Phantome der Einbildungskraft so sehr im Zaum
gehalten werden, daß sie nicht in Gewaltthä-
tigkeiten ausbricht.

Wenn ich die bisher gemachte Betrachtungen zusammennehme, so ergiebt sich, daß
eine ruhige Erwartung des Todes mit dem
Bewußtseyn eines gut vollbrachten Lebens verbunden ist; Haß des Lebens hingegen aus dem
Uebergewichte gegenwärtiger, und der Furcht
künftiger Uebel, ja so gar aus dem Mitleiden
mit den Unfällen anderer, und der Reue über
ungerechte vollbrachte Handlungen entsteht:
daß aber die Sehnsucht zu sterben sowohl durch
die Art, wie man sich den Tod selbst, als den
Zustand der Gefühllosigkeit nach dem Tode
vorstellt, sehr erhöht, oder geschwächt werden
könne.

Nach allen den Ursachen, die ich von
dem, in einzelnen Menschen sich äußernden
lebhaften Wunsche zu sterben angeführt habe,
komme ich jetzt zur letzten und wichtigsten, die
in allen Zeiten, Völkern und Altern, in wilden sowohl, als polizirten, in tapfern und
feigen Völkern, in dummen Pöbel sowohl, als
in denkenden Weisen am allgemeinsten gewirkt
hat;

hat; ich meyne die Hoffnung einer wonnevollen Unsterblichkeit. Der trostreiche Gedanke,
nach der Auflösung des irdischen Leibes in einer bessern Welt überschwengliche Freuden zu
genießen, hob von jeher, wenn er der einzige
herrschende Gedanke überspannter Seelen wurde, Menschen aus ihrer gewöhnlichen Lage heraus, verschlang und erstickte alle übrigen Neigungen, womit sie an die Güter dieser Welt
gefesselt waren, gab den feigesten unüberwind-
lichen Muth in Gefahren, und selbst in den
entsetzlichsten Martern des Todes, theilte den
Menschen Tugenden und Laster mit, die das
Maaß unserer Kräfte zu übersteigen scheinen,
und schuf sie in die größten Helden von Tugend, Bosheit und aberwitziger Thorheit um.
Dieselbige Hoffnung, derselbige Vorgenuß
himmlischer Freuden war es, der die alten
Germanier mit unwiderstehlicher Gewaltsamkeit in ihre Feinde trieb, und die Anhänger
Muhameds zu Siegern ihrer Feinde machte;
der in alten und neuern Zeiten den Himmel
mit Heiligen, oder den Calender wenigstens
mit Namen von Märtyrern füllte, die sehr
oft ein schlechtes Leben durch einen unbesonnenen Tod wieder gut zu machen glaubten; der
end-

endlich Creuzbrüder, und Königsmörder her-
vorbrachte, und noch jetzt unter den Kamt-
schadalen, und einigen Völkern von Louisiana
Selbstmörder hervorbringt.

Wenn das Verlangen nach himmlischen
Freuden zugleich mit der Empfindung gegenwärtiger unerträglicher Leiden, und der Furcht
bevorstehender eben so großer Uebel, verbunden ist; alsdenn erreicht die Sehnsucht zu
sterben den höchsten Grad, den sie nur erreichen kann, und keine Schrecken können Menschen alsdann vom Tode zurück halten, wenn
er zugleich der Erretter vom größten Unglück,
und der Geber der höchsten nur gedenkbaren
Glückseligkeit ist.

Nach dem, was ich bishero von der
Gleichgültigkeit gegen das Leben, und von
der Verachtung desselbigen gesagt habe; lassen
sich leicht die Fälle, und Umstände bestimmen, unter welchen Menschen ihr Leben
mehr oder weniger lieben müssen.

Abscheu vor dem Tode, und Wunsch zu
leben, müssen beyde um desto stärker seyn; je
weniger Gutes Personen gethan, und genossen
haben, und jemehr sie künftige Freuden, und
Hand-

Handlungen in Gedanken ausgezeichnet haben, in deren Genuß und Vollbringung sie
den einzigen Gebrauch ihres ganzen Lebens
setzen.   Alexander starb mit der Ruhe eines
Helden in Babylon, nachdem er denjenigen
Theil der Erde, der der Mühe der Eroberung
werth war, sich unterwürfig gemacht hatte:
er würde gewiß mit einem ungleich größern
Widerwillen gestorben seyn, wenn damals, da
er noch nicht der erste und mächtigste der Menschen war, die Erkältung im Cydnus mit dem Leben zugleich allen angefangenen, und im Geiste schon geendigten Eroberungen ein Ende gemacht hätte.   Nicht blos ruhig, sondern mit
Freuden starb einer der größten Menschen,
die je gelebt haben, Epaminondas, als er
hörte, daß die ihm tödliche, aber seinem Va-
terlande glückliche Schlacht, Theben zur Be-
herrscherin von Griechenland, und ihn zum
größten Bürger in Theben gemacht hatte:
aber eben der Spies, den er mit so vieler Ruhe aus seinem sterbenden Liebe ziehen ließ,
würde ihm unsägliche Schmerzen gemacht haben, wenn der Schmerz, selbst überwunden
zu seyn, und ein überwundenes Vaterland zu
hinterlassen, sich mit den Martern der Wun-
de

de vereiniget hätte.  Cäsar bezeigte als Dicta-
tor eine, von allen Schriftstellern bemerkte
Gleichgültigkeit gegen das Leben, das wahrscheinlich, nur allein durch die Hoffnung,
die Parther zu besiegen, und durch die Be-
schäfftigungen, die die Zurüstungen zu diesem Zuge ihm gaben, noch einigen Reitz für
ihn behielt.  Eben diese sorglose Gleichgültigkeit gegen seine Wohlfarth, womit er alle Zeichen und Vorbedeutungen einer schon reifen
Verschwörung entweder übersah, oder ver-
achtete, eben diese war es, die ihn seinen
Mördern überantwortete.  Bey ihrem Heraus-
dringen hüllte er sich, nach einer kleinen Ge-
genwehr, in sein Oberkleid ein, und nahm von
einer Welt Abschied, der er ungleich mehr
Gutes, als Böses zugewandt, die ihn aber
in seinem besten, mit allen Reichthümern der
geplünderten Erde, überhäuften Freuden, Ungeheuer von Undankbarkeit hervorgebracht hatte.  Allein eben dieser Cäsar würde nicht so
zufrieden mit seinem Verhängnisse das Leben
verlassen haben, wenn er damals von den
Fluthen des Meers wäre verschlungen worden,
als er den in Brundusium zögernden Anto-
nius mit seinen Legionen nach Griechenland
hinüber

hinüber rufen wollte; noch weniger da, als
er nach der, freylich nichts entscheidenden,
aber doch unglücklichen Niederlage bey Dyr-
rachium vor dem Pompejus fliehen mußte,
den er aus Italien verjagt hatte, und eben
gänzlich eingeschloffen zu haben glaubte.

Es ist sehr begreiflich, wie man ein Leben
lieben könne, in dem man noch die Befriedi-
gung der sehnlichsten Wünsche erwartet: al-
leine sonderbarer, und auffallender scheint es,
daß so gar die Anzahl und Stärke ertragener
Leiden uns an unser Leben feffelt, da aus eben
der Ursache der bitterste Haß deffelben gewöhnlich zu entstehen pfleget.    Auch durch Unglück
wird uns das Leben werther, so lange wir es
noch für heilbar, und den, unserer eigenen
Rechnung nach, uns wahrscheinlich bestimmten Rest des Lebens für so beträchtlich halten, daß wir darinn das Verlohrne wieder
einbringen, und das Erlittene wieder gut
machen können.    Eine von den Haupturfa-
chen, warum Schwindsüchtige besonders, den
Tod mehr, als selbst gesunde Menschen
verabscheuen, ist das Bewußtseyn, daß ein
großer Zeitraum ihres Dafeyns ihnen unge-
nützt vorübergegangen ist, und die hierauf sich

gründende Sehnsucht, sich dafür in dem übrigen Theile ihres Lebens wiederum zu entschädigen. Eine von den tröstendsten Unterhaltungen solcher Personen pflegt die zu seyn, daß sie den Gebrauch, den sie von ihren künftigen bessern Tagen machen wollen, vorher bestimmen, und zugleich alle die Freuden überrechnen, die sie entweder noch nicht genossen haben, oder die sie durch ihre Krankheit aufzuschieben gezwungen worden.

Liebe zum Leben nimmt also so wohl nach dem Verhältnisse des Guten, was wir noch zu thun, und zu genießen hoffen, als der Leiden, die wir ausgestanden haben, mehr oder weniger zu: *) sie erreicht den höchsten Grad,

---

*) Es giebt Menschen, aber freylich so wenige, daß nicht ein jedes Beyspiele von der Art anzutreffen glücklich genug ist, es giebt also, sage ich, Menschen, die nicht durch die schmeichelnde Hoffnung, lang gewünschte, und aufgeschobene Freuden zu genießen, oder Lieblingsprojekte auszuführen, sondern allein durch den großen Gedanken, der Welt und den Ihrigen, denen sie beyden gleich nothwendig sind, zu nutzen, ihr sorgenvolles

Grab, wenn Menſchen zu gleicher Zeit ſich
entweder vor dem Nichtſeyn, und dem Tode,
der ſie darein verſetzt, oder auch vor einer
quaalvollen Ewigkeit nach dieſem Leben fürchten. Der Gedanke des Todes muß nothwendig Entſetzen, und die Annäherung zu ihm
Verzweifelung hervorbringen, wenn man
durch ihn nicht nur der Güter, in deren Beſitz man ſich mit ſo vieler Wonne hinein ge-
träumt hatte, beraubt, ſondern auch in einen Abgrund von Quaalen hinein geworfen
zu werden glaubt, deren Zahl und Stärke
gleich unbegränzt ſind. Vielleicht iſt die,
durch das Chriſtenthum allgemein ausgebrei-
tete Lehre von den ewigen Strafen eine von
den Urſachen, weswegen wir jetzo weniger
Beyſpiele von einer ſolchen Verachtung *) des

O 2      Lebens,

genvolles Leben zu ertragen bewogen werden.
Ich wünſchte zur Ehre der Menſchheit, die Namen der vortrefflichen Männer nennen zu dürfen, die ich ſelbſt zu beobachten, Gelegenheit
gehabt habe.

*) Es waren noch andere Urſachen, weswegen die
Griechen und Römer, ſich weniger vor dem Tod
fürchteten, als wir. — Sie machten faſt alle in

ihrer

Lebens, und einer so muthigen Herbeyrufung
des Todes, als unter Griechen und Römern
sin-

ihrer Jugend wenigstens einige Feldzüge mit
und zwar in Kriegen, die viel blutiger waren,
als die der neuern Zeit: sie kamen daher sehr
frühe in Gefahren des Todes, wurden mehr mit
dem Tode vertraut, und also auch gleichgültiger
gegen ihn, als wir seyn können. — Bey aller
Freyheit, die sie genossen, war selbst ihr Friede
nicht so sicher und ruhig, als derjenige ist, worinnen wir leben. Athen und Rom wurden beyde
fast unaufhörlich durch Partheyen beunruhigt,
deren abwechselnde Siege gewöhnlich durch Blut
erkauft, und befestiget wurden. — Griechen
und Römer hatten daher im Frieden von ihren
Mitbürgern fast immer das Aeuserste zu fürchten;
und wurden also auch durch die aus ihrer
Staatsverfassung entstehende Unsicherheit gegen
die Furcht des Todes abgehärtet.

Die meisten Beyspiele von Unerschrockenheit,
und einer scherzenden Verachtung des Todes
trifft man unter den Epikurdern, und Stoikern
an, die die Unsterblichkeit der Seele entweder
läugneten, oder doch bezweifelten. Eine voll-
ständige Sammlung davon würde einen ganzen
Band

finden, die größtentheils an keine Unsterblichkeit der Seele glaubten, sondern den Tod für

O 3 · den

Band ausmachen: ich führe daher nur einige
wenige an.

Atticus der rechtschaffenste unter allen Rö-
mischen Epikurdern, wurde schon lange durch
eine schmerzhafte Krankheit geplagt, die allen
Arzeneymitteln zu stark war, und vom Atticus
selbst für unheilbar gehalten wurde. Er faßte
also den Entschluß, durch Hunger sein Leben,
und sein Uebel abzukürzen, und machte diesen
seinen Entschluß zu sterben, mit Anführung
aller Bewegungsgründe, seinen Freunden, und
seiner Familie bekannt. Eine, mehrere Tage
durch fortgesetzte Enthaltung von aller Nahrung
heilte ihn, wider alles Vermuthen von seinem
Uebel: allein er ließ sich durch diesen glücklichen
Erfolg seiner Abstinenz nicht von dem einmal ge-
faßten Entschlusse, zu sterben, abbringen, sondern ahmte dem Stoiker Kleanthes nach, der in
einem ganz ähnlichen Falle sagte, daß er keine
Lust hätte, auf dem halben Wege zum Tode,
wieder umzukehren (Cornel. in Vita Attici.)

Petronius konnte die Gefangenschaft, in welcher Tigellinus ihn hielt, (Tacit. Annal. XVI. 19.)
nicht

den Eingang in eine ewige ungeſtöhrte Ruhe
hielten. Durchs Chriſtenthum iſt das Regi-
ſter

nicht länger ertragen, und löſete ſich daher die
Adern auf. Seine Abſicht war, den gewaltſa-
men Tod, den er gewählt hatte, einem natürlichen ſo ähnlich als möglich zu machen. Er ver-
band daher die zerſchnittenen Adern mehrmalen
wieder, ſchlief, aß und trank, beſchenkte und
ſtrafte ſeine Bediente, ſtattete Beſuch ab, ſcherzte mit ſeinen Freunden, ließ ſich nichts ernſthaf-
tes über Unſterblichkeit der Seele, ſondern die
leichtfertigſten Gedichte vorleſen, machte die
Schandthaten des Nero in ſeinem letzten Willen
lächerlich, oder verhaßt, und ſtarb endlich auf
eine ſo originale Art, als vielleicht keiner vor und
nach ihm geſtorben iſt.

Eines von den wenig bekannten, aber gewiß
bewundernswürdigſten unter allen Beyſpielen von
Unerſchrockenheit, die die ganze Geſchichte auf-
zuweiſen hat, iſt dasjenige, was Seneca (de
Tran u. c. 24.) erzählt. Cajus Julius, ein vornehmer Römer, gerieth in eine kleine Zänkerey
mit dem Caligula, der ihm beym Weggehen
ſagte, daß er ihn zum Tode würde führen laſſen.
Der große Mann dankte dem Wüterich, al
wenn

ſter menſchlicher Sünden ungleich größer, und
die Zahl unſerer Verdienſte viel kleiner gewor-

den,

wenn er eine Wohlthat erhalten hätte, und
erwartete ganzer zehn Tage die Ausrichtung des
Kaiſerlichen Befehls ohne die geringſte Spuren
von Furcht, oder Traurigkeit blicken zu laſſen.
Der abgeſchickte Henker traf ihn endlich bey einem Spiele mit einem ſeiner Freunde an, und
als dieſer ihn aufforderte, zählte er ganz ruhig
die Steine, womit ſie geſpielet hatten, fand, daß
er einen mehr hatte, als ſein Freund, nahm den
Centurio zum Zeugen an, daß er geſiegt habe,
und erinnerte ſeinen Gegenſpieler, daß er ſich
nach ſeinem Tode nicht damit rühmen möchte,
ihn überwunden zu haben. Er ſcherzte über die
Traurigkeit der ihn zum Tode begleitenden Freunde, und antwortete auf ihre Frage: was jetzt in
ſeiner Seele vorgehe? daß er ſich vorgenommen
habe, recht auf dem Augenblick Acht zu geben,
wann ſeine Seele den Körper verlaſſen würde,
und zu gleicher Zeit allen ſeinen Freunden Nachricht zu geben, was er im Tode ſelbſt, und nachher von dem Zuſtande abgeſchiedener Seelen erfahren würde.

Am allermeiſten habe ich mich von jeher (um
dieß noch im Vorbeygehen anzumerken,) über die

To-

den', als beyde unter den Alten waren: und
eben so ist das Bestrafenswürdige, oder die
Schuld

Todesarten gewundert, die die Römer und Griechen gewöhnlich zu wählen pflegten, und die ihnen also die leichteste scheinen mußten. Sie zer-
schnitten sich nemlich entweder die Adern, oder
hungerten sich zu Tode. Verblutung führte nicht
immer zu einem schnellen und leichten Tode, wi-
die Geschichte des Seneca zeigt: und die gänzliche Enthaltung von allen Nahrungsmitteln mußte, scheint es, eine der grausamsten Todesarten
seyn, weil sie so langsam, und unserr Erfahrungen nach, mit den fürchterlichsten Schmerzen
verbunden ist. Allein in Griechenland und Italien war vermuthlich der Wärme des Klima wegen Verhungern theils nicht so schwer, und auch
nicht so schmerzhaft, als es unter uns seyn würde, weil man sonst diesen Weg zum Tode nicht so
allgemein würde gewählt haben. Kein alter
Schriftsteller sagt, so viel ich weiß, von heftigen
Schmerzen, die mit dieser Todesart verbunden
gewesen wären: hingegen finden sich in ihnen
Beyspiele, welche beweisen, daß das Aushungern
ein sanftes schmerzenloses Absterben des Körpers
gewesen sey. Ein junger vornehmer Römer,
Mar-

Schuld von jenen eben so sehr erhöhet, als
das Preiswürdige von diesen herabgesetzt worden. Es ist also kein Wunder, wenn Menschen, die in ihren eignen Augen einen so kleinen innern Werth haben, die ihre gute Thaten gar nicht in Anschlag zu bringen, und gegen ihre Fehler abzurechnen das Herz haben,
die endlich durch den Mund der Gottheit selbst
wissen, daß die Anzahl der Auserwählten,
und Seligen gegen die Menge der Verworfe-
nen, und Verdammten unendlich klein sey;
wenn solche Menschen, in Ansehung ihres
Schicksahls nach dem Tode, mehr fürchten
als hoffen, und dahero der entscheidenden
fürchterlichen Stunde des Todes, die sie entweder ewigen Freuden, oder Quaalen über-
giebt, nicht anders, als mit Zagen entgegen
gehen.

O 5

Marcellinus starb auf diese Art, und Seneca sagt
von ihm: Ep. 77. — paulatim defecit : vt aie-
bat, non sine quadam voluptate, quam afferre
solet leuis diffolutio, non inexperta nobis, quos
aliquando liquit animus. — Quamuis enim mortem sibi consciuerit, tamen molliffime exceffit, et
vitae elapsus est.

gehen. — Ein andrer Grund, warum selbst
fromme Leute, die eine selige Unsterblichkeit
hoffen, so wenig Lust zeigen, die Freuden des
Himmels mit denen der Erde zu vertauschen,
ist vielleicht dieser, weil sie jene zu wenig ken-
nen, und von ihnen fast weiter nichts wissen,
als daß sie ewig, und unaussprechlich groß
seyn werden.     Der Himmel der Christen ist
nicht so dichterisch, und für die Einbildungskraft der meisten so leicht zu fassen, als ihre
Hölle, und die Sehnsucht nach jenem ist daher auch in den wenigsten so groß, als die
Furcht vor der Letztern: vorzüglich kann jene
in dem nicht denkenden Theil der Menschen
unmöglich anders als schwach seyn, weil sie
nicht begreifen können, was für Seligkeiten
in unaufhörlichen Betrachtungen, und in dem
Anschauen der Gottheit genossen werden
können.

Wenn anders die bisherigen Bemerkungen
aus der wahren Natur, und Geschichte des
Menschen genommen sind; so kann man aus
ihnen sehr leicht die Fälle bestimmen, wo Menschen bey der Herannäherung des Todes gar
keine Trostgründe gebrauchen, und wo wie-
derum

drum Liebe des Lebens, und Furcht es zu
verlieren, auch durch die ausgesuchtesten Trostgründe nicht besiegt werden können. Eine
eben so leichte Folgerung aus den vorhergehenden Sätzen ist diese: daß alle wirksame Trostgründe uns entweder überzeugen müssen, daß
das Leben kein so außerordentliches Gut sey,
dessen Verlust so sehr zu bedauren wäre, oder
auch daß man den Tod für kein Uebel, vielleicht gar für offenbaren Gewinn zu halten habe: oder endlich, daß, wenn das Leben auch
als ein Gut, und der Tod als ein Uebel be-
funden werden sollte, die Furcht vor dem letztern, als einen unvermeidlichen Unglück, doch
immer eines vernünftigen Mannes unwürdig
bleibe. Auf einen von diesen Zwecken beziehen sich alle Trostgründe, die ich aus den Alten vortragen werde: sie können demjenigen,
der durch höhere Mittel gestärkt ist, wenigstens zur Aufklärung des Phänomenons die-
nen, wie Menschen ohne die Hülfe einer göttlichen Offenbarung, selbst ohne die Hoffnung
der Unsterblichkeit, ruhig sterben konnten: und
von denjenigen, die unglücklich genug sind,
der großen Stützen der Religion entbehren zu
müssen, zu eben der Absicht angewandt werden,

den, zu welcher sie von den Weiseu des Alterthums sind erfunden worden.

Ehe ich aber zu den Gedanken der Alten
fortgehe; kann ich nicht umhin, besonders
jungen Freunden der Weisheit noch eine Bemerkung mitzutheilen, die sie zu machen, vielleicht noch keine Gelegenheit gehabt haben.
Gesetzt nehmlich, daß man durch Philosophie
und Religion den Werth des Lebens bestimmt,
und die Schrecken des Todes überwunden hat,
so kann man doch deswegen nicht hoffen, daß
unsere einmal gefällten Urtheile über Leben
und Tod unverändert dieselbigen bleiben, und
uns niemals in Fällen der Noth verlassen werden: daß wir also den heranrückenden Tod
mit eben der Gelassenheit empfangen werden,
mit welcher wir ihn in Tagen der Gesundheit,
und in großer Entfernung von ihm empfangen
zu können, uns schmeichelten. Es giebt nehmlich Krankheiten, die das stärkste Gebäude
von Trostgründen übern Haufen werfen, in
denen Leben und Tod uns ganz was anders
zu seyn scheinen, als wofür wir sie bis dahin
gehalten hatten; Krankheiten in denen die
durchdachtesten Grundsätze sich uns als die
elendesten Trugschlüsse zeigen. Diese fürch-
terli-

terlichen Wirkungen pflegen gewöhnlich mit
langwierigen Krankheiten verbunden zu seyn,
in welchen die Organen der Einbildungskraft
eben so übermäßig gespannt, als unordentlich
bewegt werden, und alle Begierden und Ver-
abscheuungen daher gleich sonderbar, unnatürlich, und heftig sind. Auf der andern
Seite giebt es wiedrum Zerrüttungen unsers
Körpers die uns aller Zurüstungen wider den
Tod überheben, und uns keine Gelegenheit
übrig lassen, die Stärke unsrer Grundsätze,
und die Größe unsers Muths zu versuchen.
Solche Krankheiten, die alle Trostgründe wider den Tod unnöthig machen, sind gewöhnlicher Weise hitzige, die die Kräfte des Körpers und Geistes auf einmal so sehr erschöpfen,
daß wir weder lebhaft wünschen, noch fürchten können. Unter solchen Umständen gründet sich die Resignation, oder Gelassenheit,
womit man das Leben zu verlassen, und den
Tod zu empfangen bereit ist, nicht auf die
Stärke, sondern allein auf die äußerste
Schwäche der geistigen Werkzeuge, wodurch
alles, was wir vorher für Güter oder Uebel hielten, in die Klasse gleichgültiger
Dinge also herabsinkt. — Der größte Weise,

fe, *) also der die Kunſt gut zu ſterben, wie die
gut zu leben, ſtets zu ſeiner Hauptbeſchäftigung
machte, kann nicht für ſein Verhalten in der
letzten Stunde ſeines Lebens einſtehen; er
kann,

*) C'eſt nous flatter de croire, que la mort
nous paroiſſe de prés ce, que nous en avons
jugé de loin, et que nos ſentimens, qui ne
ſont que foibleſſe ſont d'une trempé aſſez
forte pour ni point ſouffrir d'attente par là
plus rude de tous les epreuves. — De ſor-
te qu'il eſt vrai, que quelque diſpropor-
tion, qu'il y ait entre les grands hommes,
et les gens de commun, on a va mille fois
les uns, et les autres reçevoir la mort d'un
meme viſage : mais ça toujours eté avec
cette difference, que dans le mepris que
les grands hommes font paroitre pour la
mort, c'eſt l'amour de la gloire, qui leur
en ote la vue ; et dans les gens de commun ce n'eſt qu'un effet de leur peu de
lumiere, qui les empeche de connoitre la
grandeur de leur mal et leur laiſſe la liber-
té de penſer à autre choſe. *Rochefaucault.*

kann, ſo ſehr er ſich auch auf alles gefaßt ge-
macht hat, doch von einem ſorgloſen Thoren
beſchaͤmt werden, ohne daß jener deswegen
Tadel, oder dieſer das geringſte Lob verdiente. Selbſt der wahre Philoſoph, der ſich der
menſchlichen Gebrechlichkeit eben ſo gut, als
der ihm eigenthuͤmlichen Staͤrke bewußt iſt,
muß mit dem Auguſtus diejenige Todesart fuͤr
die aͤchte *) Euthanaſie erklaͤren, die die un-
erwartetſte iſt, und den Faden ſeines Lebens
in der kuͤrzeſten Zeit mit dem moͤglichſt klei-
nem Maaße von Schmerz abreißt.

### II.

Man muß nothwendig aufhoͤren ſich vor
dem Tode zu fuͤrchten, **) ſo bald man das
Leben

---

*) Nam fere quoties audiſſet, cito ac nullo
cruciatu defunctum quempiam ſibi et ſuis
ἐυθανασίαν ſimilem ( hoc enim et verbo vti
ſolebat ) precabatur. Sueton. in Vit. Au-
guſti c. 99.

**) Aeſchines in Axiocho p. 90. Ed. Clerici.
Plut. Conſ. ad Apoll. p. 188-201. Ed. Steph.
Graec. Tom. I. Seneca Conſ. ad Polyb.
c. 28. Ep. 77. Lucret. V. v. 222.

Leben recht zu würdigen, und einzusehen anfängt, daß in dem Leben, auch des glücklichsten Menschen, das Vergnügen vom Schmerze, das Gute vom Bösen, kurz: Glückseligkeit vom Elende überwogen werde. Der Tod kann daher unmöglich ein Uebel seyn, weil er uns von einem Uebel befreyet. — Die Zahl der menschlichen Freuden ist nur sehr klein, und selbst diese werden mit einem großen Aufwande von Sorgen und mühseliger Arbeit errungen, und wann sie errungen sind, nur in wenigen schnell vorüberfliegenden Augenblicken genossen. Sie scheinen unsere Seelen, und Leiber, als fremde Behausungen zu vermeiden; so lange wir sie aber auch festhalten, ist der Genuß dieser so seltenen augenblicklichen Vergnügungen entweder durch einen sie stets begleitenden Schmerz, oder auch durch die Aengstlichkeit, sie zu verlieren, verbittert. — Auf der andern Seite kommen Krankheiten und Schmerzen der Seele sowohl, als des Leibes, unerwartet, ungerufen selbst alsdenn, wenn man ihnen mit der äußersten Vorsicht auszuweichen bemüht ist, über die zum Elende bestimmte Sterblichen her: sie zeigen sich nicht einzeln, wie die Freuden, sondern in

großen

großen zusammenhängenden Haufen, und lagern sich rein und mit Freuden unvermischt im Menschen, als wenn sie in ihm ihren angewiesenen Sitz gefunden hätten. Nur allein zur Ertragung des Elendes scheint der Mensch Kräfte erhalten zu haben: Freuden und Vergnügungen von einigen Augenblicken erschöpfen ihn, oder werfen ihn ganz nieder: und hingegen kann er sich unter dem unaufhörlichen Drucke eines vieljährigen Elendes aufrecht erhalten.

Man mag mit welchem Theile seines Lebens man will Abrechnung halten, so wird man immer finden, daß der Schmerzen mehr als der Vergnügungen waren, daß diese flüchtig, kurzdaurend und verdorben, jene hingegen anhaltend und lauter waren.

Schon als Kind wirft die Natur den Menschen nackt, und hülflos ins Leben hin, wie das wilde Meer arme Schiffbrüchige, die es verschlungen hatte, an unwirthsame Ufer ausspeyt. Alle übrige, auch die verworfensten Thiere hat die Natur besser beschieden, als den Menschen, der stolz auf den Vorzug ist, ihr Beherrscher zu seyn. Ihnen gab sie mit gütiger Freygebigkeit Nahrung, Bekleidung

dung und Oerter der Sicherheit: dieſen allein
warf ſie, ohne die geringſte mütterliche Mit-
gabe, oder Ausſtattung den kriegenden Elementen zum Raube hin. Mit Thränen- und
Jammertönen begrüßt er zuerſt das Licht des
Tages. Beyde ſind Zeugen von dem ſich mit
den erſten Augenblicken des Lebens anfangen-
den Elende, und gewiſſe Vorbedeutungen der
auf ihn wartenden Trübſäle.

So bald Sinne und Kräfte ſich zu ent-
wickeln anfangen, werden wir von einem
ganzen Haufen von Lehrern unaufhörlich gequält, und dieſe beſchwerliche Zucht und Abhängigkeit nimmt bis ans Ende der Jugend
mehr zu als ab. Derjenige Theil unſers Lebens alſo, der der ſchönſte und ganz Genuß
ſeyn ſollte, wird in eine quaalvolle Vorberei-
tung auf die unſchmackhafte letztere Hälfte
verkehrt. Gleich mit dem Hintritt ins männliche Alter ſtellen ſich nagende Begierden nach
Ruhm und Ehrenſtellen, druckende Arbeiten
und Nahrungsſorgen ein, die die meiſten
Menſchen vor der Zeit beugen, und mit be-
ſchleunigten Schritten ins freudenloſe Alter
fortreiſſen. Selbſt die wenigen, deren Bemühungen durch den ſo ſehr gewünſchten
Ruhm,

Ruhm, durch Ehrenstellen und Reichthümer
belohnt werden, erreichen in ihnen Güter,
die nur so lange Güter scheinen, als sie uns
in gewisser Entfernung entgegen glänzen, die
aber, wenn sie erlangt sind, vielmehr drük-
ken als befriedigen. Die Mühe, sie zu erhalten, folgt unmittelbar der erstern, wodurch
sie erworben worden, und die boshafte Freude, andere durch den Pomp unsers Glücks zu
quälen kommt lange der ängstlichen Furcht
nicht bey, daß Neider und Feinde uns aus
dem Besitze von Gütern werfen möchten, die
keinen Werth haben würden, wenn sie nicht
so sauer erkauft wären, und so sehr beneidet
und streitig gemacht würden. — Unter einem gleichdrückenden Glück oder Unglück gelangen wir endlich ins späte Alter, in welchem alle menschliche Leiden und Unfälle zusammen zu fließen scheinen. Hier fängt die
Natur schon an gleich einer harten Gläubige-
rin ihre Geschenke wieder einzufordern: von
einem nimmt sie einen, von andern mehrere
Sinne; selbst diejenigen, die sie nicht ver-
stümmelt, schwächt sie wenigstens, raubt ihnen die edelsten Vorzüge und Kräfte, und
läßt sie zum zweytenmale in einen Zustand

P 2                        von

von Kindheit zurückkehren, der noch hülfloser
und elender ist, als derjenige, womit wir
unser Leben anfangen. Freuden und Tugen=
den fliehen das sinkende Alter: unerträgliche
Schwachheiten des Körpers, und der Seele
nehmen mit der Annäherung zum Grabe zu.
Unser Leben ist daher einem bodenlosen Meere
gleich, wo wir von allen entgegengesetzten
Winden herumgejagt, bald durch steigende
Fluthen eine Zeitlang in die Höhe gehoben,
und bald durch die in den Abgrund sich sen=
kende Wogen hinabgezogen, und gegen ein=
ander getrieben werden, endlich entweder
Schiffbruch leiden, oder doch stets zu fürch=
ten haben. Das Leben der Menschen ist also,
wenn man es nur genau, und ohne Vorur=
theile untersucht, ein wirkliches Uebel, und
ein martervoller Zustand, aus welchem wir
alle wünschen sollten, so geschwind, als mög=
lich befreyt zu werden.

Götter und Menschen, Weise und Un=
weise, stimmten alle darin überein, daß das
Leben der Menschen mehr Uebel als Gutes,
mehr Elend als Glückseligkeit enthalte. Alle
Dichter sind von Gemählden des menschlichen
Elendes voll. Die größten Philosophen
nann=

nannten das Leben ein Gefängniß, worin wir
zur Strafe ehemaliger Vergehungen einge=
schlossen wären, und woraus wir nicht an=
ders, als durch den Tod erlöst werden könn=
ten. Selbst Götter verkündigten es dem Men=
schen, daß es besser sey, nicht gebohren zu
werden, als zu leben, und, wenn man ge=
bohren sey, so geschwind, als möglich zu
sterben. Sie belohnten die Frömmigkeit der
beyden Jünglinge, die ihre Mutter, die Prie=
sterin der Juno, selbst zum Feste gezogen hat=
ten durch einen schnellen Tod: und der große
Apoll ließ den Trophonius, und Palamedes,
die ihm zuerst einen Tempel zu Delphi erbauten,
zur Vergeltung ihrer Verdienste in seinem Göt=
tersitze selbst, in Elysium hinüberschlummern.

Auch wilde Völker, in denen die unver=
dorbene Natur am allerstärksten wirkt, wein=
ten bey dem Eintritte ihrer Kinder in den
Schauplatz des Lebens, und glaubten, daß
von dem Drama unsers Lebens die letzte Sce=
ne die einzige sey, die mit frölichen Tänzen,
und lauten Freudenbezeugungen gefeyert
werden müßte.

Wir sollten daher den Tod als eine der
größten und herrlichsten Erfindungen der Na=

tur

tur loben, wodurch sie es bewirkt hat, daß die Marter zu leben nicht unaufhörlich fortdauert. Das Leben ist ein Geschenk, das Niemand annehmen würde, wenn es uns nicht ohne unser Wissen aufgedrungen würde: der Tod hingegen die einzige sichere Arzney aller Uebel unsers Lebens, und der sehnlichste Wunsch des Elenden, der von ihnen erlöst zu werden trachtet. Dieser setzt den erniedrigten Sclaven in diejenige Freyheit, die der unerbittliche Herr ihm versagte: dieser löst die Bande des Gefangenen, der im finstern Kerker verschmachtete: er allein zerstört die schimpflichen Vorrechte, wodurch das Glück Menschen über Menschen erhebt, und macht diejenigen wieder gleich, die die Natur zu gleichen Vergnügen und Rechten erschaffen hatte. Im Tode hat noch Niemand schändende Armuth und Niedrigkeit, falsche Freunde, oder feindselige Neider gefunden: er ist ein sicherer Freund, in dessen Schoos man sein Haupt mit Zutrauen niederlegen kann. Durch ihn kann man den Nachstellungen des falschen Glücks, den Drohungen und Marten wüthender Tyrannen trotzen, oder sich ganz entziehen. — Man muß daher den Tod

als

als ein wünschenswerthes Gut ansehen, weil
es uns von unserm Leben, oder, was einer=
ley ist, von einem nie zu beschreibenden, auf=
zuzählenden Haufen von Uebeln erlöst. *)

Gesetzt aber auch, unser Leben enthielte
mehr Gutes als Böses, so würde man sich
doch nicht vor dem Tode, als vor einem
großen Uebel fürchten müssen. Der Tod ist
entweder weiter nichts, als eine bloße Tren=
nung der Seele vom Leibe, ein Ausgang des
unsterblichen Geistes aus dem zerbrechlichen
Gefängnisse des Körpers, worin er eingeschlos=
sen war; oder er ist auch ein gänzlicher Unter=
gang des Menschen, eine Zerstörung aller sei=
ner Kräfte und Werkzeuge, und ein Aufhö=
ren alles Empfindens und Denkens. Im er=
stern Falle versetzt er uns aus einem elenden

P 4                 irrdi=

*) Epikur war gar kein Freund von solchen Lobre=
den des Todes, oder von Declamationen wider
das Leben. Es ist entweder Unsinn, sagte er,
ein Leben zu erhalten, das uns mehr unglücklich
als glücklich macht; oder auch lächerliche Prah=
lerey, ein Gut herabzusetzen, welches zu verlas=
sen, man noch keine Lust hat. (X. Diog. 127. l.)

irdiſchen mit nie aufhörenden Leiden verbitter-
ten Leben in dem Zuſtand einer ſeligen Unſterblichkeit, wo wir in vollem Genuſſe aller Kräfte, die hienieden unentwickelt, ungebraucht,
oder doch eingeſchränkt waren, — in der Ge-
meinſchaft vollendeter Geiſter uns immer mehr
und mehr der Gottheit nähern, und diejenige Glückſeligkeit erhalten werden, wonach wir
uns auf Erden nur ſehnen konnten. Im andern Falle iſt der Tod freilich das Ende aller
Freude, aber auch aller Leiden des Lebens :
ein Zuſtand der tiefſten Ruhe, die, wenn ſie
auch keine Glückſeligkeit iſt, wenigſtens auch kein
Uebel genannt werden kann. Dem rechtſchaf-
fenen Manne, ſagte der ſterbende Sokrates,
kann kein Unfall weder im Leben, noch im
Tode begegnen : er bleibt immer, wo und was
er auch iſt, unter der Aufſicht und dem
Schutze der unſterblichen Götter. (Phaed.
p. 63.)

Wenn alſo auch mit dem Tode alles
aus wäre; ſo ſollte der Tod doch Niemanden
fürchterlich ſeyn: ſelbſt in dieſem Falle gründet ſich Furcht vor dem Tode auf Unwiſſen-
heit, oder Vorurtheil. Er bleibt immer eine
Erſcheinung, die aus den großen Geſetzen der
Natur

Natur folgt, und daher für einen Beobachter
und Freund derselben nichts widriges oder be-
fremdendes haben sollte.    So natürlich es
war gebohren zu werden, zu leben, zu wachen, und zu schlafen, zu essen und zu trinken; eben so natürlich ist es, nach der Vollbringung aller Geschäfte des Lebens zu ruhen
oder zu sterben.    (Aesch. de Morte p. 104.
Sen. cap. 24. Plut. Consf. ad Apoll. p. 180 -
201. Cic. Tusc. Qu. I. 37. cap. Diog. in
Vit. Epic. X. 124. 125.) Was kann wun-
derbares oder unnatürliches darin gefunden
werden, wenn das Zerbrechliche zerbrochen,
das Auflösliche von einander gesondert, das
Verbrennliche verbrannt, und das Vergäng-
liche zerstört wird? — Der Tod sagte Epikur,
das was man so übertrieben, das Schreck-
lichste unter allen Schrecklichen genannt hat,
kann uns Lebende gar nicht treffen; wenn er
ist, so sind wir nicht mehr; und so lange wir
noch leben, ist er nicht da.    Er kann also
weder Lebenden noch Todten Uebel zu fügen,
weil er nicht existiret, so lange jene noch sind,
und diese nicht mehr da sind, wenn er sich ein-
stellt.    Er ist daher niemals ein wahres gegenwärtiges Uebel, und nichts ist also unver-

nünf-

nünftiger, und widersinniger, als Furcht vor
einer künftigen Veränderung, die uns selbst
alsdann, wenn sie da ist, kein Leid zufügt:
Eben so dachte Arcesilas, wenn er (Plut.
Consf. ad Apoll. 191.) sagte: daß der Tod
unter allen eingebildeten Uebeln das Eigenthümliche an sich habe, daß er nur allein in
der Entfernung unsägliche Angst, in der Nä-
he hingegen nicht den geringsten Schmerz
verursache.

Die Furcht vor dem Tode würde weder
so allgemein, noch so stark seyn (Seneca aus
einem Werke des Polybius seines Freundes
Ep. 24. und Plut. S. 184) wenn Menschen
bedächten, daß sterben und das Leben verlieren, einerley sey, und daß sie alle Tage sterben, ohne sich vor diesem durch eine trübe
Einbildungskraft nicht vergrößerten Uebel zu
fürchten. Eben der Tag, der uns das Licht
des Lebens zeigt, führt uns auch schon der
Finsterniß des Grabes entgegen. Wir fallen
nicht plötzlich in den Tod; sondern rücken
ihm allmählig näher und näher. Wir sterben
täglich, weil täglich ein Theil des Lebens verlohren geht, und selbst alsdenn, wenn wir
wachsen, nimmt unser Leben schon wieder ab.

Wir

Wir verlieren allmählich unsere Kindheit, und
Jugend, für den ganzen verflossenen Theil
unsers Lebens sind wir gestorben; und selbst
den gegenwärtigen Tag, den wir leben, theilen wir mit dem Tode. So wenig das letzte
Körnchen, das aus einer Sanduhr heraus-
fließt, die Sanduhr ausleert; so wenig macht
der letzte Augenblick und Theil unsers Lebens,
den wir einbüßen, allein den Tod aus; sondern vollendet ihn nur. Dann kommen wir
durch einen letzten Schritt zu einem Ziele,
dem wir während unsers ganzen Lebens entgegen gegangen sind. Der Tod, durch den
wir den elenden Rest unsers Lebens verlieren,
ist der Letzte, aber nicht der Einzige.

Wenn gleich der letzte Augenblick des Lebens, und das erste Moment des Todes der
Anfang eines ewigen Zustandes von Unempfindlichkeit seyn sollte; so würde ich (sagt
Sokrates) den Tod dem ungeachtet für einen
großen Gewinn halten, weil er alsdenn einer
ruhigen traumlosen Nacht gleich wäre. (Socr.
Apol. p. 40. Plut. ad Apoll. p. 186. 190.
Cic. Tusc. Qu. I. 36. Xenoph. Cyropaed.
VIII. 7.) Wenn wir alle, fährt er fort, und
hier

hier nehme ich selbst den großen König in Persien nicht aus, eine einzige Nacht aus unserm ganzen Leben aussuchen, in der wir durch keinen Traum gestört, sanft und tief geschlummert haben; so werden wir finden, daß alle übrige Tage und Nächte unsers Lebens, die an Annehmlichkeit mit einer solchem Nacht zu vergleichen wären, sehr leicht würden gezählt werden können. Ist also der Tod ein tiefer, alle Sinne und Kräfte des Menschen betäubender, Schlummer; so sehe ich die ganze Ewigkeit von Zeit nach diesem Leben als eine einzige lange Nacht an, die ich in dem tiefsten, und eben deswegen süßesten Schlafe zubringen werde. Die Alten nannten den Tod und Schlaf, der auffallenden Aehnlichkeit wegen, Zwillinge oder Brüder: den Schlaf entweder die kleinen Mysterien des Todes, oder eine vorläufige Einweihung (προμυησις) in die große Geheimnisse desselbigen. — Der verehrungswürdige Diogenes von Sinope bestätigte die Gedanken des Sokrates, und der übrigen Alten durch sein lehrendes Beyspiel. Der eiserne Schlummer des Todes hatte sich schon über den sterbenden Weisen niedergesenkt, und als er in diesem Zustande durch die Fra-

ge

ge seines Arztes, wie er sich befinde, auf einige Augenblicke wieder erweckt wurde, antwortete er ganz ruhig, daß ein Bruder den andern, der Tod den Schlaf zu umarmen anfange.

Die Menschen würden weniger vor dem Zustande des Nichtseyns erschrecken, wenn sie sich einmal daran gewöhnten, ihn mit ihrem eigenen Zustande vor der Geburth zu vergleichen, von dem er im geringsten nicht unterschieden ist. (Lucret. III. 845.-55. Plut. Conf. ad Apoll. p. 190. Seneca ad Marcian. cap. 19. et Cicer. Tusc. Qu. l. c.) Gar nicht gebohren werden, und wann man gebohren war, wieder sterben, ist eben so sehr dasselbige, als gar kein Kleid oder Haus gehabt, oder, wenn man sie gehabt hat, beyde wieder verlohren zu haben. So wenig wir nun diejenigen Unfälle litten, die vor unserer Geburth vorher gingen, oder uns nach den Gütern sehnten, die vor der Zeit unsers Daseyns genossen wurden; eben so wenig werden wir an den Uebeln Theil nehmen, und diejenigen Freuden entbehren, die nach uns den Sterblichen werden ausgetheilt werden. Zwischen einem nicht gebohrnen, einem gestorbenen

nen Menschen, — und einem Hippocentaur,
oder einem Wesen, das nie war, und auch
nie seyn wird, läßt sich gar kein Unterschied
angeben.   So wenig wir da, als wir noch
ungebohren waren, in die guten und bösen
Schickſahle unſrer Väter und Vorfahren ver-
wickelt wurden; ſo wenig können wir nach
dem Tode, wenn wir nicht mehr ſeyn werden,
von dem Unglück unſerer Kinder, und ent-
fernteſten Nachkommen getroffen werden.
Wir werden alſo, wenn der Tod gleich Leib
und Seele vernichtet, durch ihn doch nur in
den Zuſtand von tiefer Ruhe, und Sicherheit
zurück geſetzt, aus dem wir durch den Anfang
unſers Lebens hervorgezogen wurden.

Der Tod und die auf ihn folgende ewige
Unempfindlichkeit kann kein Uebel ſeyn, weil
Tod die Beraubung aller Empfindung, ein
Zuſtand des Nichtſeyns iſt, in welchem weder
Freuden noch Leiden, weder Güter, noch Uebel
ſtatt finden. (Lucr. III. 873. et ſeq. Senec.
ad Marc. c. 19.) *)   So nothwendig es iſt,
daß

*) Mors omnium dolorum et ſolutio eſt, et
finis: vltra quam mala noſtra non exeunt,
quae

daß derjenige, der unglücklich ſeyn ſoll, exi-
ſtiren muß; ſo unmöglich iſt es, daß derjenige, der gar nicht iſt, elend ſeyn, und werden kann. Angenehme und unangenehme
Empfindungen ſetzen immer ein empfindendes
Subſtratum voraus, in welchem ſie ſich aufhalten: und da der Tod das empfindende
Weſen ganz zerſtört und auflöſt, ſo kann man
in und nach ihm unmöglich unglücklich ſeyn.

Selbſt das Nichtempfinden, oder der Zuſtand der Unempfindlichkeit iſt vielen Menſchen verhaßt und fürchterlich. Sie ſtellen es
ſich als etwas peinliches und entſetzliches vor,
von

quae nos in illam tranquillitatem, in qua,
antequam naſceremur, jacuimus, reponit.
Si quis mortuorum miſeretur, et non na-
torum miſereatur. Mors nec bonum, nec
malum eſt. Id enim poteſt aut bonum,
aut malum 'eſſe, quod aliquid eſt : quod
vero ipſum nihil eſt, et omnia in nihilum
redigit, nulli nos fortunae tradit. Mala
enim bonaque circa aliquam verſantur materiam.

von Würmern verzehrt, oder in alle Winde
zerstreut zu werden. (Axiochus Aesch. 84.
86. p. Cic. Tusc. Quaest. I. 37. Lucr. III.
883. seq.) — Allein solche Menschen denken
sich den Zustand der Unempfindlichkeit nicht,
wie sie ihn denken sollten, als eine völlige
Gleichgültigkeit ihres entseelten Leichnams gegen alle Veränderungen und Verwüstungen,
die ihn treffen können. Sie leihen ihrem er-
storbenen Körper, ohne es zu wissen, Leben
und Empfindung, sind zu schwach, sich aus
dem Leben ganz ins Nichts des Todes zu versetzen, und beurtheilen daher den Zustand ihres empfindungslosen Leibes nach dem was
sie leiden würden, wenn sie lebend verbrannt,
von Thieren zerrissen, oder von Gewürmen
zernaget werden sollten. — Das Nichtempfinden kann daher Niemanden in Furcht
setzen, der weiß, oder bedenkt, daß Schmerz
und Elend zu gleicher Zeit mit Sensibilität
aufhören.

Die meisten Menschen aber fürchten sich
vor dem Tode und dem Nichtseyn, nicht wegen der Uebel und Schmerzen, die sie geben,
sondern wegen der Güter und Vergnügungen,
deren Besitz und Genuß dadurch geraubt wird.
(Axio-

(Axiochus p. 106. Lucr. III. 907. Cic. l. c. 36.) Nur das beweinen sie, daß der Tod sie aus dem Schooße einer geliebten Familie, aus den Umarmungen zärtlicher Gattinnen, von den Liebkosungen hoffnungsvoller aufblühender Kinder wegreißt: allein solche Menschen bedenken nicht, daß der Tod zugleich alle peinliche Sehnsucht nach den verlohrnen Gütern, und Seligkeiten wegnimmt. Es ist unmöglich, sagt Cicero, daß derjenige, der nicht ist, etwas entbehren kann. Das Wort entbehren, oder Mangel leiden ist widerlich, weil es einen Verlust von Gütern, aber auch zugleich eine Sehnsucht nach denselbigen in sich schließt. Gefühl von Mangel, und Wunsch ihn zu ersetzen, findet, fährt Cicero fort, zwar in Lebenden, aber nicht in Todten statt: von Gestorbenen kann man nicht einmal sagen, daß sie des Lebens, viel weniger, daß sie der Güter desselbigen entbehren, weil entbehren soviel heißt, als eine Sache nicht besitzen, die man doch zu besitzen wünschte, *)

ein

*) Carere igitur hoc significat, egere eo, quod habere velis; — At in mortuo ne

ein solcher Wunsch aber, und eine solche
Sehnsucht nach abwesenden Gütern in Tod=
ten, die selbst nicht mehr sind, unmöglich
statt finden kann.

Selbst der Gedanke, daß wir dereinst ein=
mal nicht seyn werden, ist für vernünftige
Personen ein aufrichtender angenehmer Gedan=
ke, der uns antreibt, unsers Lebens recht zu
genießen, und uns den unbesonnenen Wunsch
nach Unsterblichkeit wegnimmt. (Epic. apud
Diog. X. 124.) In dem seligen Vorgenusse
der künftigen Ruhe dürfen wir uns nicht durch
die Voraussetzung des freylich sehr möglichen
Falles stöhren lassen, (Lucret. III. 855. seq)
daß die Natur vielleicht nach Jahrtausenden
alle Bestandtheile unsers Ichs wiedrum zu=
sammen suchen, und aus Ihnen einen Körper,
eine Person zusammensetzen werde, die mit dem
unsrigen völlig einerley sey. Wenn eine solche
Wiedervereinigung aller Theile, die ehemals
uns gehörten, in derselbigen Ordnung, in wel=
cher

intelligi quidem potest. Carere enim sen=
tientis est: nec sensus in mortuo: ne carere
igitur quidem in mortuo est.

oder sie ehemals beysammen waren, wirklich werden sollte, so haben wir doch gar nicht nöthig, uns vor allen den Unfällen, und Schmerzen zu fürchten, die ein solches von neuem zusammengesetztes Ganze treffen können, und treffen werden. Mit der Zerstörung unsers Leibes nemlich hörten wir, hörte unsere Person auf; und alle Veränderungen also, die mit dem einmal aufgelösten, und nachher wieder vereinigten Theilen unsrer selbst vorgehen, werden wir eben so wenig empfinden, als wir alle diejenigen empfanden, und uns zurechneten, die mit dem zerstreuten Grundstoff unsers Körpers vor dessen Vereinigung zu unserer Person vorging.

Der Tod ist also, wenn er auch ein Zustand des Nichtseyns, oder der Anfang davon seyn sollte; wenigstens kein Uebel, und kann also auch nicht als ein solches gefürchtet werden. Wäre der Tod hingegen eine bloße Trennung der Seele vom Leibe, ein Uebergang in ein beßeres Leben, so könnte man ihn nicht nur kein Uebel, man müßte ihn ein Gut nennen, und als ein solches wünschen, in so fern dieser Wunsch mit den heiligen Rathschlüs-

sen

ten der alles leitenden Vorsehung vereinbar ist.

Es giebt viele Gründe, die es höchst
wahrscheinlich machen, daß der Tod nur eine
Absonderung des Unsterblichen vom Sterbli-
chen sey, und daß der bessere Theil, unsere
Seele, niemals fortzudauern aufhören werde.
(Plato in Phaedone p. 70. et seq. T. I. Opp.
Aeschines de Morte p. 100. et 108. Xe-
noph. Cyrop. VIII. 7. Cicer. Tusc. Quaest.
I. c. 12 - 31.)

Es ist ein allgemeines Naturgesetz, sagt
Plato, daß alles, was entsteht, und untergeht, aus dem ihm entgegen gesetzten entsteht,
und in das entgegen gesetzte wieder untergeht.
Bewegung entsteht aus Ruhe, wie Ruhe aus
Bewegung; das Größere aus dem Kleinern,
das Kleinere aus dem Größern; Schlafen
aus dem Wachen, und so auch Tod aus dem
Leben. Aber, so wie auf Schlaf stets Wachen folget; so ist es wahrscheinlich, daß aus
dem Tode selbst wiedrum Leben entstehen werde. Die Natur würde sonst allein in diesem
Falle ein allgemeines Gesetz brechen, vermöge
dessen sie einen jeden Gegenstand, oder Zustand aus dem ihm entgegen gesetzten hervorbringt.

bringt. Wenn nicht auf Tod neues Leben folgte; so würde die Natur nicht allein mangelhaft, sondern auch unfähig seyn, den Abgang der verstorbenen Geschöpfe zu ersetzen. So wenig es auf die Länge wachende Menschen geben könnte, wenn keiner von denen die einschlafen, wiedrum aufwachte; eben so wenig könnte etwas Lebendes übrig bleiben, wenn alles was stürbe, in einem ewigen Todesschlummer begraben bliebe.

Die Seele ist in ihren Wirkungen so sehr von allen Aeusserungen körperlicher Kräfte verschieden, daß man sie unmöglich als gleichartige und denselbigen Gesetzen des Untergangs unterworfene Wesen ansehen kann. Alle Dinge die existiren, lassen sich, sagt Plato, in zwo Arten abtheilen, in sichtbare und veränderliche, und solche, die durch keinen äussern Sinn wahrgenommen werden können, sich stets gleich, und ganz unwandelbar sind. In die erste Klasse gehören unsere sterbliche Leiber, und alles, was in der Natur aus mehrern Bestandtheilen zusammengesetzt ist. Von der zwoten Art ist Gott der unbegreifliche, und die in seinem Verstande von Ewigkeit her gegenwärtige Ideen, oder allgemei-

Q 3 　　　nen

nen Begriffe. Mit diesen sind unsere Seelen entweder gleichartig, oder ihnen doch unendlich näher verwandt, als dem hinfälligen vergänglichen Körper. Alle ihre eigenthümliche Vorzüge und Kräfte zeugen von einem höhern Ursprunge, oder von einer göttlichen, wenigstens von einer der göttlichen mehr als der körperlichen sich nähernden Natur. Das Gedächtniß, welches eine Unendlichkeit von Vorstellungen umfaßt, Verstand und Vernunft, durch die der Mensch Wissenschaften erfunden, Künste entdeckt, die Erde gemessen, die Tiefen der Himmel und Erde ergründet hat, durch die er endlich sich selbst gezähmt, Städte erbaut, Reiche errichtet, und sich vor allen übrigen Thieren zum Beherrscher der Erde erhoben hat, sind lauter Vollkommenheiten, die man niemals in irgend einem uns bekannten Körper entdeckt hat, Vorzüge, die auf eine Verschiedenheit des Wesens, worin sie wohnen, und eine Aehnlichkeit derselben mit der ewigen und unwandelbaren Gottheit zurückschließen lassen. Selbst unser Körper wird nicht einmal gleich nach dem Tode ein Raub der Verwesung, und nicht gleich in seine Bestandtheile aufgelöst; um viel wahr-

schein-

scheinlicher ist es also, daß die Seele eine,
ihren größern Vollkommenheiten angemessene
längere Dauerhaftigkeit haben werde?

Nur dasjenige (Plato in Phaedone
p. 100. in Phaedro p. 245. et Cic. Tusc.
Qu. I. 23. de Senect. c. 21) kann aufhören
bewegt zu werden, was von andern Gegenständen bewegt wird, und den Grund seiner
Bewegung ausser sich selbst hat; und eben so
kann nur dasjenige aufhören zu leben, was
von andern Dingen ausser ihm beseelt wird.
Die Seele des Menschen kann daher nie aufhören zu leben, und thätig zu seyn, weil sie
die Quelle des Lebens und der Thätigkeit, ein
selbstständiges von allen Dingen ausser ihr un-
abhängiges Principium der Bewegung in sich
selbst hat. Alle Körper, in denen keine Seelen wohnen, sind ohne Leben und Thätigkeit,
und beyde finden sich hingegen in denen zusammen, die durch Seelen bewegt werden.
Als solche selbstständige Principia von Leben
und Thätigkeit müssen Seelen nothwendig
ewig und unvergänglich seyn, weil sie sich
selbst nicht verlassen, aus sich nicht herausge-
hen, und Körper ihnen das nicht nehmen können, was sie ihnen nicht gegeben, sondern

Q 4        im

im Gegentheil allein von den Seelen mitge=
theilt erhalten haben.

Daran können Vernünftige sich gar nicht
stoßen, daß sie die Seele nicht mit ihren Sin=
nen wahrnehmen, ihre Natur und Wohnung
so wenig, als die Art ihres Ein= und Auszugs
in und aus dem Körper zu begreifen im
Stande sind. So wie das Auge andere Ge=
genstände sehr helle, sich selbst hingegen gar
nicht sieht; eben so durchdringt die Seele die
Räume aller möglichen und wirklichen Welten,
und erkennt dennoch ihre eigene Natur, und
die Art ihrer Vereinigung mit dem Körper
nicht. — Es giebt aber auch ausser der
Seele viele andre Dinge, deren Wesen noch
unbegreiflicher, und deren Wirklichkeit nichts
destoweniger unläugbar ist. Selbst die Gott=
heit offenbart sich keinem unserer Sinne; und
doch sind wir von ihrem Daseyn auf das Fe=
steste überzeugt, ungeachtet wir weder ihre
Natur, noch die Art, wie sie wirket, erklä=
ren können; daß sie ist, schließen wir aus ih=
ren Werken: und eben so müssen wir von den
Thätigkeiten der Seele auf ihre Wirklichkeit
und Vollkommenheiten fortschließen.

Endlich

Endlich, sagt Plato, (Phaedon. p. 64.
seq. Cic. T. Q. I. 31.) wenn Wahrheit an,
ders in der Erkenntniß unveränderlicher, ewi,
ger und unumstößlicher Begriffe und Sätze;
Glückseligkeit, in einer Gleichheit oder Annä,
herung zur Gottheit besteht; so erreichen wir
beyde, nach denen wir uns doch in diesem Le,
ben so sehr sehnen, entweder gar nicht, oder
wir gelangen auch zu ihrem Besitze erst in einer
bessern Welt, in die der Tod uns hinüber
setzt. Auf dieser Erden wird unser unsterbli,
cher Geist durch die heftigen Eindrücke von
Schmerz und Vergnügen, die die äussern
Sinne erschüttern, und durch die unbändigen
Leidenschaften, die die irrdischen Scheingüter
erregen, in einem beständigen Taumel erhal,
ten, und von der ruhigen Aufsuchung der
ewigen und unveränderlichen Wahrheit zurück,
gezogen. Alle unsere Sinne sind eben so trüg,
lich, als die Gegenstände ausser ihnen un,
wahrnehmlich sind. Jene dringen nicht in
das innere zusammengesetztere Wesen, deren
Oberfläche sie nicht einmal auf eine gleichför,
mige Art wahrnehmen: und diese sind in un,
aufhörlichen Verwandlungen, nicht als flies,
sender Staub, ohne feste unverlierbare Eigen,

Q 5 schaf,

schaften. Alle Kenntniſſe alſo, die unſere
Sinne uns liefern, ſind nichts als Tand, als
betrügeriſche Täuſchungen, die eine nach
Wahrheit dürſtende Seele unmöglich befriedigen können. — Wir nähern uns dieſer
uns fliehenden Wahrheit nur in den wenigen
glücklichen Augenblicken, wenn wir Sinne und
Fleiſch ertödten, uns in uns ſelbſt hineinzie-
hen, ſo wenig als möglich empfinden, und
uns mit den ewigen, in der Seele ſchlum-
mernden Begriffen beſchäfftigen. Selbſt hier
auf Erden alſo kann Wahrheit nur durch eine
Abſonderung der Seele vom Leibe erblickt
werden: und auch nur auf dieſe Art können
wir Glückſeligkeit erlangen, die eine Annäherung zur höchſten Gottheit iſt, welche fern
von allen Empfindungen und Leidenſchaften in
dem Anſchauen ihrer Vollkommenheiten, und
aller ewigen Wahrheiten unausſprechliche
Wonne genießt. Weltweiſe alſo, die hier,
ſo lange ſie im Körper eingeſchloſſen ſind, ſich
der Wahrheit und Glückſeligkeit nähern wollen, müſſen ſchon während ihres irrdiſchen
Lebens ihre Seelen von den Geſellſchaftern,
ihren Leibern, zu trennen, das heißt, zu
ſterben ſuchen: und es iſt daher höchſt wahr-
ſchein-

ſcheinlich, daß, wenn der Tod die Trennung, die unſere wichtigſte Beſchäftigung, während dieſes Lebens, ſeyn ſollte, ganz zu Stande bringt, daß wir alsdenn Wahrheit reiner erkennen, und Glückſeligkeit ungeſtörter genieſſen werden, als jeßo, wo Sinne und Leib uns immer noch zu vergänglichen Gütern hinziehen. · Mit Recht kann man daher den Leib das Gefängniß, und die Sinne die Feſſeln der Seele nennen, von welchen der Tod ſie wahrſcheinlich befreyen wird.

Selbſt unſere Sorgen und Entwürfe (Tuſc. Qu. c. 12. 14.) die ſich über unſer Grab hinaus erſtrecken, und ſich auf das, was nach unſerm Tode vorgehen wird, beziehen, beweiſen allgemeine Ahndungen, daß die Begebenheiten nach dem Tode, uns nicht ganz gleichgültig ſeyn werden. Wir pflanzen Bäume, von denen wir gewiß wiſſen, daß ſie erſt unſern Enkeln Früchte tragen werden, und machen in unſerm letzten Willen Anordnungen, die unſere zurückbleibenden Kinder und Freunde betreffen: lauter Bemühungen, die wir niemals übernehmen würden, wenn wir nicht überzeugt wären, daß wir auch nach dem Tode noch an dem Glück und Unglück

gelieb=

geliebter Personen einigen Antheil nehmen
werden. — Endlich erhellt aus den Be-
gräbnißgebräuchen und Feyerlichkeiten, die
alle Völker entweder zur Erhaltung des Gedächtnisses, oder auch zur Verehrung ihrer
Vorfahren unter sich eingeführet haben; daß
sie den Tod nicht als den gänzlichen Untergang des Menschen, sondern als eine Reise
in eine andere Welt angesehen haben. — Eine
solche allgemeine Ueberzeugung von der Unsterblichkeit der Seele beweißt, daß der Gedanke in der menschlichen Natur gegründet
sey, und daß die Vorsehung, die uns alle so
ähnlich bildete, uns auch auf diese Hoffnungen hinzuleiten, die Absicht gehabt habe.

Ich würde mit Recht (sagt Sokrates S.
63. Phaedon.) wider die mir bevorstehende
Todesart aufgebracht seyn, wenn ich nicht so
fest von der Unsterblichkeit der Seele überzeugt
wäre. Jetzt aber gehe ich froh, und mit der
großen Hoffnung, meinen Zustand zu verbes-
sern, dem Tode entgegen, weil ich weiß, daß
er mich in die Gesellschaft eben so guter Götter, und besserer Menschen, als ich hier verlasse, versetzen wird.

Merk-

Merkwürdig ist es, daß die größten unter
den alten Philosophen, wenn sie von ihren,
oder anderer rechtschaffener Männer Schicksa-
len nach dem Tode redeten, immer nur einen
doppelten Zustand für möglich hielten, entweder den Zustand einer gänzlichen Unempfindlichkeit, oder auch den einer unbegränzten
größern Seligkeit, als sie in diesem Leben genossen hatten. Entweder hören wir ganz auf
zu empfinden, und zu denken, oder wir kehren zu den Sternen, und den unsterblichen
Göttern über; läßt Plato den Sokrates in der
Schutzschrift, und Xenophon den Cyrus am
Ende der Cyropädie sagen. So auch Cicero.
Tusc. Qu. I. 11. de Senect. c. 19. Senec. Ep.
24. 65. 71. ad. Polyb. c. 27. Antonin. III. 3.
VIII. 58. XII. 5. Es fiel ihnen gar nicht
einmal ein, daß Menschen, die alles Gute gethan, was die ihnen verliehenen Kräfte er-
laubten, und keinen andern, als solchen
Schwachheiten unterworfen gewesen, die auch
dem größten und besten der Menschen unver-
meidlich bleiben, nach dem Tode von einer
gerechten gütigen Gottheit könnten verstoßen
werden.

Vom

Vom glücklichen Zustande der reinen und abgeschiedenen Seelen machten die Philosophen der Griechen ganz andere Beschreibungen, als die ältesten Theologen und Dichter unter dem Volke verbreitet hatten; der Himmel der Philosophen hatte ganz andere Freuden, als das Elysium, von welchem Homer und Pindar so reißende Gemälde liefern. Das letztere enthielt lauter sinnliche Vergnügungen und Zerstreuungen, in denen die rohen Krieger der Heldenzeit ihre einzige Glückseligkeit fanden: das Elysium der Philosophen hingegen war für ein ausgebildetes, und feineres Zeitalter zubereitet, das Freuden, und Arbeiten des Geistes nicht nur schätzte, sondern auch denen des Körpers sehr weit vorzog. Sokrates setzte die größte Seeligkeit jenes Lebens (Apol. Plat. p. 41.) in dem Umgange mit den großen Gesetzgebern, Helden, Weisen, und Dichtern der Vorzeit, und in eben der Ausforschung von Personen, die in diesem Leben seine Lieblingsbeschäftigung gewesen war. Plato hingegen glaubte, daß eine ungestörte Untersuchung der ewigen Wahrheiten, und die freye ungehinderte Betrachtung der unermäßlichen Himmelskörper, und aller uns entweder unbekann-

bekannten, oder doch räthselhaften Wunder
der Natur die reinen entbundenen Seelen be-
seligen würde. So auch Cic. l. Tusc. Quaest.
et in Somnio Scipionis. Senec. ad Polyb. c.
27. ad Marciam. c. 25.

Der Tod mag aber, sagt Seneca, das
Ende alles Lebens, oder der Anfang eines
bessern seyn; so ist es immer unerträglicher
Stolz, wenn man sich einem allgemeinen Gesetze der Natur entziehen will, die alles, was
sie geschaffen hat, auch wieder zerstört, und
eben dahin zurückruft, woraus sie es hervor
gezogen hatte. (Senec. ad Polyb. 20. 21.)
Von allen Werken der Kunst, die die Hände
sterblicher Menschen ausarbeiteten, und von
den noch dauerhaftern Werken der Natur war,
und ist kein einziges unsterblich. Selbst die
stolzen Wunder der Welt, und wenn sonst die
ehrgeitzige Vermessenheit späterer Jahrhunderte noch etwas Größeres hervorgebracht hat,
sind schon alle zerbrochen, oder werden auch
in einigen Jahrtausenden, die nur Augenblicke der Ewigkeit sind, dem Erdboden wieder
gleichgemacht werden. Nichts ist unvergänglich, und nur wenige Dinge sind langdaurend.

Zwar

Zwar ist nicht alles auf dieselbige Art zer=
brechlich; allein wenn auch gleich der Unter=
gang der Dinge verschieden ist: so muß doch
nichts desto weniger alles was entstanden ist,
einmal wieder untergehen. Selbst dieser un=
ermeßlichen Welt drohen einige den Untergang,
und ihrer Behauptung nach, wird ein Tag
kommen, der dies herrliche, so genau zu=
sammenhängende Weltgebäude auseinander
reißen, und in die alte ewige Nacht zurück=
stürzen wird. — Nun komme einer und weh=
klage über den Tod einzelner Seelen, oder be=
weine die Asche von Carthago, Corinth und
Numantia, oder wenn sonst etwas von einer
noch größern Höhe in Staub gesunken ist, —
da selbst dasjenige zerstört werden wird, was
nicht einmal einen Raum hat, wohin es fal=
len kann.

Wer ist, bey so allgemeinen Gesetzen der
Verwüstung, unverschämt genug, zu verlan=
gen, daß er und die Seinigen allein verschont
bleiben, und ein einziges Haus aus den Trüm=
mern gerettet werden möchte, in welche selbst
das unbegreifliche Ganze dereinst zerfallen
wird. — Ein Trost muß es daher für einen
jeden

jeden einzelnen Sterblichen seyn, daß er eben
das leidet, was alle vor ihm gelitten haben,
und alle noch leiden werden. Die gütige Natur scheint auch das unvermeidliche Schicksal, was alle Menschen für das größte
Uebel halten, deswegen allgemein gemacht zu
haben, damit die Härte desselbigen durch die
Gleichheit der Leidenden gemildert würde.
Allein unmöglich (sagt Cicero Tusc. Quaest.
I. 4..) kann etwas ein wahres Uebel seyn,
was die Natur über alle Wesen, und Menschen, sowohl gute als böse, verhängt
hat.

Es zeugt aber nicht blos von unleidlichem
Stolze, wenn man auf den Vorzug von Un-
vergänglichkeit Anspruch macht, sondern auch
von der schwärzesten Undankbarkeit, wenn
man auf die Anforderungen der Natur das
Leben nicht wieder zurück geben will, was sie
Niemanden als ein ganz veräußertes Eigenthum, sondern allen nur zum Nießbrauche
auf eine Zeitlang anvertrauet hatte. Es ist
Ungerechtigkeit, einem freywilligen Geber nicht
die Bedingungen frey zu lassen, unter welchen
er ein Geschenk mittheilen will: unersättliche

Gierigkeit, nicht auf das Gute Rückſicht zu
nehmen, was man empfangen hat, und über
Schaden, und Beleidigung zu klagen, wenn
man genutzte, und auf eine Zeitlang nieder=
gelegte Güter wieder ausliefern ſoll: endlich
Undankbarkeit, wenn man das Ende von
Wohlthaten als wirklich zugefügtes Unrecht
anſieht. (Senec. ad. Polyb. c. 29.) Nur
alsdann, ſagte der philoſophiſche Menander,
(ap. Plut. I. 17y.) würden wir uns mit eini=
gem Rechte über die Unfälle, und das Ende
des menſchlichen Lebens beklagen können, wenn
die Natur oder eine Gottheit ſich verbürgt
hätte, uns gegen beyde in Sicherheit zu ſetzen.
Jetzt aber, da ſie einen jeden einzelnen Men=
ſchen, mit dem ganzen übrigen Geſchlechte
unter denſelbigen Bedingungen gebohren wer=
den läßt; ſo ſollten wir auch ohne Anſtand ein
Darlehn wiedergeben, welches ſie uns auf ei=
ne unbeſtimmte Zeit ſo gegeben hatte, daß ſie
es nach Belieben wieder fodern könnte. *)

Uns

*) Wenn dir, ſagt Seneca, jemand eine Reiſe in
eine große herrliche Stadt anböthe, aber zuvor
alle

Uns allen läge es, als dankbaren Schuldnern, ob, sie deswegen zu preisen, daß sie uns während unsers ganzen Lebens so viele Freuden hat genießen lassen, und uns zugleich mit einer unsere Schwäche schonenden Güte den Zeitpunct entzogen hat, in der sie ihre Forderung wieder beytreiben will. (Plut. p. 185.)

Die göttliche Natur könnte einen jeden, der des bevorstehenden Todes wegen in weibische Seufzer oder aufrührerisches Murren

R 2                           aus-

alle ihre Schönheiten und Vergnügungen sowohl, als ihre Mängel, und Unbequemlichkeiten faßte; so würdest du kein Recht mehr behalten, dich über widrige Zufälle, die dir begegnen könnten, zu beklagen. — Eben so wenig dürfen wir aus dem Tode Vorwürfe wider die Natur hernehmen, da sie sich blos unter der Bedingung anheischig gemacht hat, uns alle Freuden des Lebens empfinden zu lassen, damit wir andern den Genuß derselbigen wieder abtreten sollen. — Die Stelle im Seneca ist sehr prächtig, aber fast ganz Declamation. Conf. ad Marciam c. 18.

ausbräche, auf folgende Art anklagen. (III.
Lucr. 944. et seq.) Wenn dir anders, un=
zufriedener Sterblicher, dein Leben werth
war, und nicht alle Güter und Freuden, die
ich auf dich herabgeschüttet habe, wie durch
ein durchlöchertes Gefäß weggeflossen sind;
warum gehst du nicht, als ein mit Leben ge=
sättigter Gast, aus der schönen Herberge,
worin ich dich so lange Zeit mit so vieler
Freygebigkeit unterhalten habe, in eine selige
Ruhe über, die dir wiederum durch meine
Güte zubereitet ist? Ich habe dir alle Schön=
heiten des Himmels und der Erde in ihrer
unbeschreiblichen Mannigfaltigkeit gezeigt,
und dich alle Vergnügungen genießen lassen,
für welche dem Menschen nur Sinne gegeben
sind. Es ist mir unmöglich, neue Reize und
Freuden für dich zu erfinden, und wenn ich
dir gleich das Leben noch ganze Jahrhunderte
durchfristete; so würdest du doch denselbigen
Kreis von Wachen und Schlaf, von Essen und
Trinken, von Arbeiten und Zerstreuungen bis
zum Ekel durchlaufen müssen. Besser also ist
es, daß du deinen Enkeln und Kindern Platz
machst, wie deine Vorväter dir weichen muß=

ten,

ten, damit auch andere mit frischen Kräften, und nicht abgenutzten Sinnen der Güter des Lebens sich erfreuen können, die für dich ganz unschmackhaft geworden sind. — Deine unbesonnene Liebe zum Leben läßt dich nicht sehn, daß du gegen mich, und andere noch werdende Menschen ungerecht bist, die ich nicht hervorbringen könnte, wann ich der Bestandtheile derer, die ausgelebt haben, entbehren müßte. Weder Weisheit noch erhabene Thaten erwarben den größten Gesetzgebern, Heerführern und Weisen aller Völker und Jahrhunderte des Leibes Unsterblichkeit, und du, Erdensohn! der du ohne Erröthen nicht einmal daran denken kannst, dich mit so vielen Göttergleichen Männern zu vergleichen, wagst es, auf ein Vorrecht Anspruch zu machen, was ungleich bessern und edlern, als du bist, nicht zugestanden wurde, und auch niemals wird zugestanden werden.

Ist dir hingegen dein Leben ungenutzt und unbemerkt vorüber geflohen, warum rechnest du mir denn, elender Thor! deine eigene Unbesonnenheit an? War ich Schuld daran, daß

R 3                                    du

du dich immer in eine entfernte Zukunft stürz=
test, und an blendenden Täuschungen hängend,
die leichten gegenwärtigen Freuden, die sich
dir darboten, entweder ganz entwischen ließest,
oder auch nur von deinen voraus greifenden
Begierden gepeitscht, wie auf der Flucht ge=
nossest? — Hatte ich dir nicht große Männer
zu Mustern, und Kräfte genug, ihnen nach=
zuahmen gegeben? — Auch du also sey zu=
frieden, daß dir noch so viel Gutes in diesem
Leben zugefallen ist, dessen du nicht einmal
werth warest, und tröste dich damit, wann
du kannst, daß es deiner eigenen Unwissen=
heit, und Sorglosigkeit zu danken sey, wenn
der Baum des Lebens für dich nicht so viele,
und so süße Früchte getragen hat, als er hät=
te tragen können.

Endlich, sagen Plutarch (Tom. I. p.
693.) und Seneca, (ad Polyb. 21.) ist es
entweder Unsinn, oder Gottlosigkeit, sich ge=
gen den Tod zu sträuben, und über ihn be=
trübt zu seyn. Unsinn ist es, das Ende des
Lebens zu beweinen, wenn es eine Folge der
ewigen Gesetze eines unbezwinglichen Schick=

sals, einer blinden Nothwendigkeit ist. Nur,
alsdenn würde man den Tod beweinen dürfen,
wenn durch Thränen das eiserne Schickfal
erweicht, oder Lebensjahre eingekauft werden
könnten. Allein jetzt bey der bekannten Uner=
bittlichkeit des Verhängnisses, ist es rasend,
sich abzuhärmen, und ein Leben in Kummer
zu verlieren, weil man es nicht bis zu einer
Ewigkeit verlängern kann. — Ist hingegen
unser Tod, wie unser Leben, durch die heili=
gen Rathschlüsse einer alles leitenden göttli=
chen Vorsehung festgesetzt; so ist es nicht bloß
Unsinn, sondern Aufruhr wider die Gottheit,
wenn wir mit Widerwillen, oder Murren ein
Leben verlassen, das sie uns selbst geschenkt
hatte, und auch wiedrum abfordert. Bey
dem Entwurf, und der Ausführung des Welt=
plans, der die größte Summe von Glückse=
ligkeit in dem hervorzubringenden Ganzen
vereinigen sollte, konnte die schaffende und
ordnende Gottheit nicht allein auf die Glück=
seligkeit des menschlichen Geschlechts, viel
weniger eines einzigen Menschen, am aller=
wenigsten auf die, weder mit dem eigenen
Wohl, noch mit dem Wohl des Ganzen ver=

R 4                            ein=

einbaren Wünsche kurzsichtiger Thoren sehen,
die das, was sie von dem unermeßlichen Universo mit ihren schwachen Sinnen entdecken,
für die ganze Welt, und in dieser Insecten-
welt sich selbst für die wichtigsten Geschöpfe
halten.   Auch unser Tod war eine Begeben-
heit, die zur Vollkommenheit des Ganzen das
ihrige beytragen sollte, und wir können daher nicht über ihn murren,  ohne mit dem
weisesten,  gütigsten, und mächtigsten Vater
des Ganzen zu hadern.

V. Com.

## V.

Commentarius, quo Stoicorum sententiae de animarum post mortem statu, et satis illustrantur.

Veterum Graeciae sapientum disciplinas atque decreta perlustrans saepius miratus sum, omnes fere philosophorum familias, Pythagoreis, Socraticis et qui Platonem secuti sunt, exceptis, animam nostram corpore solutam veluti capitis damnatam morte mulctasse, et nihilo tamen minus totius hominis interitum forti et constanti animo tulisse. Neque haec de animorum dissolutione sententia ab iis tantum defensa est, qui mundum hunc fortuitis corpusculorum concursionibus sine Deorum auxilio natum esse putabant, et vanis Deorum simulacris in intermundia ablegatis, voluptatem summum bonorum, dolorem vero malorum vltimum pronuntiabant: verum eadem animi contentione ab iis quoque propugnata est, qui de Virtute, Deorum hominumque natura recte, si pauca excipias, et magnifice sentiebant. Inter hos maxime eminent Stoici, qui exquisitissimis argumentis probare satagebant: mundum hunc a Deo non solum ex-

structum

structum et exornatum esse, verum etiam eius
nutu et prouidentia administrari. His vero tanquam fundamentis substructis splendidas illas sententias inaedificabant, praeter honestum nullum
bonum, praeter vitia nulla mala, in sola denique virtute beatam vitam esse positam. Haec
vero et alia eiusmodi decreta in abiectam tandem sententiam desinebant: omnes hominum
animos aut statim post mortem, aut saeculis ali-
quot elapsis corporum instar dissipari atque ex-
stingui. Ex vniuerso Stoicorum agmine nemo-
ne suspicabatur quidem, morte animis nostris
quasi denunciata, virtutem frangi et debilitari;
vitium vero roborari atque confirmari: neque
e contrario vllus erat, qui doctrinam de animorum aeternitate adeo salutarem et necessariam
existimasset, qualis ea nobis recte videtur.
Nunquam reperies, Stoicos, qui sapientis pectus
vndique conquisitis armis aduersus fortunae in-
cursiones et mortis metum muniebant, ex animorum immortalitate honesto viro, cum aduer-
sa fortuna pugnanti, solatium et virtutis stimu-
los: scelestis vero, facinorum suorum praemiis
secure fruentibus, terrores petiisse. Quum igitur

tur Nobilißimi Graeciae Philofophi pietatem cum
impietate, veritatem cum errore adeo miro modo copulauerint: non prorfus ingratum laborem
me fufcepturum effe arbitratus fum, fi omnes,
quotquot in libris eorum inueniuntur fententias
de animorum poſt mortem ſtatu in vnum corpus colligerem, et caufas fimul adderem, quibus ad fingularem et noftrae prorfus aduerfam
philofophandi rationem permoti fint.

. Antequam vero rem ipfam, quam pertracta-
turus fum, aggrediar: pauca quaedam de animorum origine praemittenda funt. Omnes igitur Stoici de fummo numine, vnde mentes noftrae ipfis libatae effe videbantur, idem fere
fentiebant, licet illud diverfis nominibus infi-
gnirent. Vno omnes ore profitebantur, fupre-
mum Deum corpus effe, et id quidem fimplex,
nulla mixtione concretum, neque ex diuerfis
naturis compofitum: fibi enim perfuaferant,
quamuis rem omni corpore vacantem, et nullis
prorfus partibus conftantem, neque agere aliquid neque pati, et ne mente quidem comprehendi poffe. Exiftimabant porro, huius numinis virtute et voluntate materiam coecam, omni-

bus

bus qualitatibus carentem, flexibilem vero et
permutabilem, formis praeditam, et in pulcher-
rimum huius mundi ornatum exstructum esse.
Corpoream vero Dei naturam totam esse igneam,
et recte propterea ardorem, Aethera, ignem
appellari posse. Multa alia nomina in Stoicorum monumentis inueniuntur, quae summo
Deo, nulla discrimine facto, imponere sole-
bant. Eundem esse cum natura praedicabant,
quae totum vniuersum peruadat, et (II. de Nat.
Deor. 22.) ignis artificiosi instar ad gignendum
ratione progrediatur. Huius naturae vi atque
*calore* animantia pariter ac inanima vigere, alii,
recreari: hoc denique *calido spiritu* vniuersum
mundum contineri. Neque tamen hunc *ignem,*
licet per omnia fusus et intentus sit, eodem modo et habitu in omnibus naturis apparere; verum potius pro rerum, in quas inciderit, diuersitate diuersis etiam rationibus sese exserere.
(II. de N. D. 9. 10. Diog. VII. 148.) Omnes
quidem mundi partes calore fultas sustineri: in-
animas tamen *vi illa vitali* orbatas esse, qua
stirpes viuant, augeantur, et maturatae pu-
bescant; stirpes vero *animo et ratione diuina*

atque

atque *animali* illa *intelligentia* perfusas non esse,
quae omnibus animantibus vitam et sensum
praebeat, quasdam etiam rationis compotes fa-
ciat. Hunc *calorem*, inanima continentem,
hanc *vim vitalem* stirpibus inclusam, postremo
*rationem* et *intelligentiam* animalem, quae corpora sensu praedita peruadat, vnam eandem-
que *naturam* esse, eiusdem animi diuini conti-
nuam et perpetuatam fusionem, qui tamen pro
rerum ipsi subiectarum diuersitate diuersas etiam
virtutes ostendat. Denique statuebant, animi
diuini principatum esse altissimum, atque vndique circumfusum, et extremum omnia cingen-
tem atque complexum ardorem, qui Aether no-
minetur; in cuius immensitatibus omnia sidera,
sol vero inprimis, Vniuersi princeps, ipse Deus,
admirabili constantia et celeritate voluantur.

Praeter haec vero, quae hactenus memo-
raui, plura summi numinis supersunt nomina,
quae tamen ad Prouidentiam potius, quam ipsam
supremi Dei naturam referenda sunt. Eorum
igitur enumeratione in praesentia supersedeo;
vnicam tamen Dei appellationem silentio prae-
terire non possum. Mundum ipsum (de N. D.
II.

II. 34.) omnium rerum, quae *natura* admini-
strantur, seminatorem, parentem, educatorem,
atque altorem nominabant.   Hunc omnia, sicut
membra et partes suas nutricari et continere:
hoc nihil omnium rerum melius, nihil praestan-
tius, nihil pulchrius nec existere, nec cogitari
quidem posse putabant. (II. c. 7.)   Ob hanc
maximam, quae cogitatione comprehendi possit,
praestantiam mundum etiam sensus, rationis,
sapientiae, omnium denique virtutum compotem esse debere, quia id, quod his virtutibus
praeditum sit, melius sit eo, quod illis careat:
mundo vero nihil perfectius nec esse nec fingi
possit.   Ipse Stoicae philosophiae parens aliud
adhuc argumentum attulerat, quo mundum ani-
mal, sensu et perfecta ratione instructum esse,
efficiebat: mundum nempe ex se generare mul-
tas animantes, sensu et ratione praeditas: ipsum
igitur tum sensu tum ratione carere non posse,
quia nullius sensu carentis pars aliqua sentiens
esse, neque illud quod ab aliquo efficiatur, illo,
qui efficiat, praestare possit.

Ex hoc igitur *coelesti spiritu*, siue *Mundo*,
omnium parente, siue denique *natura*, quae
om-

omnium rerum semina et rationes seminales
(λογυς σπιρματικυς) in sese contineat, humanos animos descendisse omnes Stoici praedicabant. Ab hac vero sententia ad illam alteram
progrediebantur: hominum animas a Deo auulsas, eandem naturam retinere, ignea igitur corpora esse, neque tamen ex diuersis rerum elementis congregata. Exinde mentes nostras saepius diuinae aurae scintillulas, et diuinae naturae αποσπασματα: homines vero Dei socios et
magni eius corporis membra, (Sen. Ep. 94. 95.)
μικροκοσμυς denique appellatos inuenies, qui
mentis principatu ((ηγεμονικω) eadem ratione
administrentur, qua totum Vniuersum purissima
et mobilissima Aetheris parte regitur atque continetur. Απ' ικηνυ (inquit Epictetus ap. Arrian. I. 9.) τα σπερματα καταπεπτωκεν υκ εις
τον πατερα τον εμον μονον, υδ' εις τον παππον,
αλλ' εις απαντα μεν τα επι γης γιννωμενα τε
και φυομενα, προηγυμενως δ' εις τα λογικα et
cap. 14. ita pergit: αι ψυχαι μεν υτως εισιν εν
δεδεμεναι και συναφεις τω Θεω, οτι αυτα μορια
υσαι και αποσπασματα. Vid. etiam Ant. II. I.

Quum

Quum igitur omnes Stoici hominum mentes
ex ipfa Dei Natura decerptas effe ftatuerent:
nemini mirabile videri poteft, illos hominum
cum fupremo Deo cognationem, atque naturae
noftrae dignitatem et maieftatem magnificis verbis extuliffe. Neque enim inter homines tantum velut vna ftirpe genitos, arctiffimam et
fraternam focietatem intercedere putabant, verum etiam homines cum Deo intime coniunctos
effe, fibi perfuaferant. Homines igitur minus
recte a Platone nuda Dei fimulacra et imagines
nominatos effe: melius et dignius fummi Dei
particulas, filios, et progeniem appellari. Nos
eadem, qua Deum, ratione, iisdem legibus,
eodem domicilio vti: mundum vero vniuerfum
Deorum et hominum caufa factum, et commu-
nem eorum domum, vrbem, ciuitatem effe pro-
nunciabant. Tandem, Hominem Deo quafi
aequiparantes, mentem noftram fiue praecipuam
eius partem modo genium fub pectore noftro habi-
tantem, (τον ενδον δαιμονα Ant. II. 17. III. 14. modo coelitus immiffum cuftodem et procuratorem
(προστατην imo Deum nominabant, quem inuio-
latum, facrum, et ab omnibus flagitiis purum
                                    feruare

feruare quemuis oporteat. Prope eſt (inquit
Sen. Ep. 41.) a te Deus, tecum eſt, intus eſt.
Ita dico, Lucili, ſacer intra nos Spiritus ſedet,
malorum bonorumque obſeruator et cuſtos: hic
prout a nobis tractatus eſt, ita nos ipſe tractat.
Bonus vir ſine Deo nemo eſt. — In vnoquoque
bonorum virorum (Quis Deus, incertum eſt)
habitat Deus. Iisdem fere verbis de hoc dome-
ſtico Deo apud Arrianum (I. 14.) loquitur
Epictetus: ἐπίτροπον ἑκάστῳ παρίστησι, τὸν ἑκάστου
δαίμονα . . . . ἀλλ' ὅταν κλείσητε τὰς θύρας καὶ
σκότον ἔνδον ποιήσητε, μέμνησθε μηδέποτε λέγειν
ὅτι μόνοι ἐστέ, οὐ γὰρ ἐστέ, ἀλλ' ὁ θεὸς ἔνδον ἐστὶ καὶ
ὁ ὑμέτερος δαίμων.

Ex hac diuina hominum origine ſpecioſam
de noſtrae naturae excellentia et ſanctitate
doctrinam deducebant. Hominem ſacram rem
eſſe ait Seneca (Ep. 9.) et ipſius naturae mani-
bus effectum delubrum, cuius inhabitantem Deum
venerari, et pio animo colere deceat. Haec
decreta ſequentes, ſumma animi libertate, et
nobili quadam indignatione, miſerorum ſer-
vorum et gladiatorum cauſam tanquam patroni
generis humani, contra ſuperbos dominos et

superbiorem Populum R. suscipiebant, qui hoc hominum genere in turpia vel crudelia animi oblectamenta abutebantur. In hac hominum dignitate vindicanda exsultat Stoicorum oratio: huic patrocinantes altiores et excelsiores fieri, et velut e Deorum concilio delati diuinas voces fundere videntur: nec sane aliquem adeo excordem, et propriae naturae adeo oblitum esse puto, quin haec Stoicorum oracula legens diuinae prouidentiae gratias agat, quod foedis et sacrilegis Romanorum moribus, quibus humani generis maiestatem violarunt, tales viros, taliumque virorum sapientiam opposuerit.

Sed satis iam quaestioni propositae prolusimus; tempus est propius ad eam accedendi. Nescio vero, quomodo refugiat animus et ipsa oratio inuita ad sequentia Stoicorum decreta traducatur, quibus omnibus hominibus tristissima post mortem fata portenderunt. Postquam enim hominem, quasi Deorum aemulum, animantium regem, et terrarum dominum in pulcherrimam huius vniuersi ciuitatem introduxerunt, ita illum educunt, quasi ventri per aliquod tempus seruire, et corporis aegri ministrum age-

re

re natus fit: hoc vero vitae munere peracto, aeterno somno sepeliri debeat. Ingemiscendum est tantorum virorum erroribus, quibus inter medios humani generis inimicos et criminatores propellebantur, quorum flagitia ex ciuium suorum animis exstirpare in omnibus disciplinae suae partibus sibi proposuerant.

In eo quidem omnes consentiebant Stoici, nullam immortalitatis spem animis nostris esse propositam: magna tamen certamina et dissensiones inter eos oriebantur, quando de tempore dissolutionis animorum nostrorum quaerebant. Plurimi statim cum corporibus animas deleri: quidam vero aut omnibus aut sapientibus vsuram largientes, permansuros quidem animos, neutiquam tamen aeternos fore sibi aliisque persuaserant. Iidem tamen Stoici, qui alterutram harum opinionum adoptauerant, in sententia semel probata non semper perstabant, verum modo totam quaestionem in medio relinquebant, modo ad migrationem quandam animorum propensiores videbantur, postremo ad certam interdum immortalitatis spem sese erigebant. Nusquam magis in Stoicorum iudiciis stabilitatem

et

et conftantiam defideres: non folum errabant;
fed in erroribus quoque fluctuantes diuerfis temporibus in contrarias partes trahebantur.

Plurimi, juniorum praefertim Stoicorum,
eadem, qua corpus, morte animum interire
ftatuebant. Huic opinioni Panaetius, Epictetus, Antoninus, et Seneca (pofteriores ambo
plurimis in locis) fauebant. Ex his vero, quos
nominaui philofophis, nemo, Panaetio excepto,
erat, qui pro fententiae fuae veritate rationes
attuliffet: ceteri doctrinam de animae mortalitate quafi certam, et nulla argumentatione in-
digentem ponebant. Solus Panaetius duabus rationibus vtebatur, ad id, quod contra Platonem
defendebat, probandum, quarum prima (Tuf.
Quaeft. I. 32.) haec erat: omne, quod natum
fit, interire: hominum vero animos nafci, quod
parentum et filiorum fimilitudine fatis declare-
tur: ergo etiam interire. Alteram vero rationem ita concludebat; nihil effe, quod doleat,
quin id aegrum quoque effe poffit: quod autem
in morbum cadat, id etiam interiturum: dolere
autem animos, ergo etiam interire. Prius quidem argumentum omnes Stoici fine vllo difcipli-

nae detrimento adoptare potuiffent: pofterine
vero germani Stoicorum filii, quibus antiquam
doctrinam intemeratam, et ab omni labe, Pla-
tonicae etiam philofophiae mixtione puram,
pofteris tradere curae erat, velut fpurium et
virili fectae robori noxium rejeciffent. Pugna-
bat nempe cum magnifico illo decreto: injurias
et animi aegritudines non cadere in fapientem:
beatam honefti viri vitam etiam in Phalaridis
taurum defcendere: virtutem denique vel Equu-
leo impofitam, et intolerandis cruciatibus lacera-
tam a beatitate non deferi. Panaetius vero et
ceteri ex Porticu Philofophi, qui cum principi-
bus Romanorum viris viuebant, a feuera et dura
veterum difciplina paululum ad Platonis mitio-
rem philofophandi rationem deflexerant, ne Romanorum animos nimis acerba imperando a
doctrinae ftudiis auerterent.

Epictetus hanc de animorum poft mortem
ftatu quaeftionem confulto praetermittere videtur. Semel tantum ad eam deuohitur, ita
vero illam foluit, vt cum Panaetio confenfiffe eum
appareat. Sumit nimirum, hominem ex qua-
tuor diuerfis naturis concretum effe, et poft mor-

tem

tem in eadem, e quibus compactus fuerat, elementa diffolui : nullos effe locos inferos, nullum Acherontem , Cocytum et Pyriphlegethontem : omnia Deorum et Daemonum effe plena. (III. 13.) ερχυ - εις μηδεν δεινον· αλλ' εθειν εγινυ, εις τα φιλα και συγγινη, εις τα στιχεια, οσον ην εν σοι πυρ, εις πυρ απεισιν, οσον ην γηιδιυ, εις γηιδιον, οσον πνευματιυ, εις πνευματιον. οσον υδατιυ, εις υδατιον. κδεις ειδης , υδ' αχιρων , υδε κακυτος, υδε πυριφλεγιθων, αλλα παντα Θειν μεστα και Δαιμονων. Nusquam doctrina de animi aeternitate ad confolandos viros honeftos : nullibi etiam ad terrores infapientibus et fceleftis iniiciendos vtitur. Vel ex hac fola obferuatione fine aperto ipfius teftimonio concludere poffemus, illum maximae Stoicorum parti adftipulantem animis noftris ne vfuram quidem vllam poft corporis mortem dediffe.

Antoninus, Vir fanctiffimus, (quemque ad Stoici fapientis exemplar proxime acceffiffe recte diceres, faepius ad illam cogitationem, redit : quae tandem fata homines poft corporum interitum maneant.? Licet vero interdum dubius hae-

haereat, intereantne hominum animi an vero
poft corporis mortem fuperftites fint, alibi etiam
etiam vitae aliquod tempus animos tempus poft
eorum e corporibus exitum largiri videatur,
certum tamen eft, fi ipfius fententiam ex plurimis locis colligere velimus, illum quoque hominum animis mortem fubitam indixiffe. Vitam humanam, (II. 17.) temporis puncto:
vniuerfam hominis naturam rapido torrenti
comparat: mors vero ipfi totius corporis in
amica et cognata elementa folutio eft. Alio
loco de fe ipfo loquens tempus fore ait, quo in
eandem naturam, quae fe ipfum genuerit, re-
vertatur, fiue potius in rationes mundi femina-
les recipiatur. Clariora funt, quae fequuntur
(v. 4.) quibus fe ipfum excitat, ad naturam,
optimam ducem fequendam, donec concidat, et
animam in eandem auram, vnde illam deliba-
verit exhalet, reliquis vero elementis omnes
particulas reddat, quibus conceptus, auctus, et
ad vltimum vitae diem fuftentatus fit. Πορευο-
μαι δια την κατα φυσιν, μιχρι πεσων ανακαυσο-
μαι, ναποπνιυσας μιν τυτω εξ ο καθ ημιραν
αγαπνιω, πισων δε επι τυτω, εξ ο και το σπιρ-

μάτιον. ὁ πατήρ μυ συνελέξε, και το ἱμάτιον ἡ
μήτηρ, και το γαλάκτιον ἡ τροφος, ἐξ ὦ καθ᾽
ἡμέραν τοσύτοις έτεσι βόσκομαι, και αρδεύομαι,
ὁ φέρει με πάντα, και εἰς τόσαυτα αποχρωμε-
νον εαυτῳ.   Paucis vero fectiunculis interiectis
addit : fe ex duabus partibus fiue caufis confta-
re ; altera efficiente, altera huic quafi fe prae-
bente et fubjecta : neutram harum neque ex nihilo ortam effe, neque in nihilum redactum
iri : omnes tamen fui partes ex natura defumtas,
illuc, vnde natae fint, redituras effe, et in im-
menfum ex aliis in alia elementa transmuta-
tum iri.   Graeca apud ipfum Antoninum legi
poffunt.

Nemo vero inconftantior et fecum minus
confentiens eft, quam gloriofiffimus omnium
Stoicorum, Seneca.   Neque enim in diuerfis
tantum Libris, verum in eadem commentatione,
in eadem Epiftola diuerfas et fecum pugnantes
fententias proponit.  Si quis tamen illius iudi-
cium ex plurimorum teftimoniorum confenfu
elicere velit : etiam hunc animorum fubitam
poft corporis mortem diffolutionem credidiffe
inueniet.   Cogita ( ad Marciam fcribit c. 19.)
nullis

nullis defunctum malis affici : illa, quae nobis
inferos faciunt terribiles, fabula eſt. Nullas ſci-
mus imminere mortuis tenebras, nec carce-
rem, nec flumina flagrantia igne, nec obli-
vionis amnem, nec tribunalia. Nec reos vllos in
illa libertate tam laxa: nullos iterum Tyrannos.
Luſerunt iſta Poetae, et vanis nos agitanere ter-
roribus. Mors omnium dolorum ſolutio eſt et
finis : vltra quam mala noſtra non exeunt, quae
nos in illam Tranquillitatem, in qua, antequam
naſceremur, jacuimus, reponit. Id enim poteſt
aut malum eſſe, quod aliquid eſt: quod vero
ipſum nihil eſt, et omnia in nihilum redigit,
nulli nos fortunae reddit. Epiſtola vero 71.
docet : certis cuncta ire temporibus, omnia
naſci, creſcere, exſtingui. Quaecumque vides,
(ita Lucilium ſuum alloquitur) ſupra nos cur-
rere, et haec quibus innixi atque impoſiti ſumus,
veluti ſolidiſſimis, carpentur ac deſinent. Nulli non ſenectus ſua eſt : inaequalibus iſta ſpatiis
eodem natura demittit. Quidquid eſt, non erit:
nec peribit, ſed reſoluetur. Nobis ſolui, perire
eſt. Tandem epiſtola C. II. amico ſuo ſcribit,
ſeſe maxima cum voluptate de animorum aeter-

nitate

nitate cogitaffe, et iam, iam opinionibus magno-
rum virorum, rem gratiffimam promittentium
magis quam probantium, credidiffe: experre-
&um vero Lucilii Epiftola tam bellum fomnium
perdidiffe.

Nobiliffimi igitur Stoicorum Philofophi ftatim poft mortem animos noftros diffolui putabant. Omnes enim humani corporis partes in
illas, vnde fumtae fint, naturas reuerti : fpira-
biles in auram, humidas in aquam, terrenas in
omnium noftrum matrem; igneas vero in artifi-
ciofum illum, fenfus et rationis compotem,
ignem : totum denique hominem ita antiquis
elementis immifceri, vt nullus poft corporis interitum fenfus, nullum vitae anteactae, et in-
numerarum rerum, mente perceptarum, vefti-
gium relinquatur. Mirabile fane et prope fin-
gulare eft, neminem Stoicorum hanc totius hominis in antiqua elementa, ignearum praefertim
partium in diuinam naturam conuerfionem, lu-
culenter explicaffe, nec vllum aduerfariorum,
quos multos femper Stoici habuerunt, talem
defcriptionem flagitaffe. Vix enim fieri poffe
videtur, quin euiuis, qui de hac animarum in

natu-

naturae finum refluxu quadam mentis intentione
cogitet, innumerae vndique difficultates coorian-
tur. Quod fi enim animi humani, licet omnia
et corpus etiam noftrum peruadente natura, ita
foli exiftere, fuo et libero motu incitati cogi-
tare, et iis tantum vifis impelli poffunt, quae
per fenfus noftros ad mentis principatum perue-
niunt; nihil impedire videtur, quo minus
iidem animi corporibus fuis egreffi, et in com-
munem omnium rerum naturam relapfi ita perdurare poffint, vt omnium rerum corporis mi-
nifterio geftarum, meminerint, et fenfus, memoriae vis, ratio ipfis relinquatur. Diuino et
artificiofo igni, vnde animas noftras fcintillula-
rum inftar auulfas effe ftatuebant, fenfum et rationem tribuebant: ipfi igitur fecum pugnare
videntur, quum animorum in hunc ignem reditum cum fenfus, memoriae et rationis iactura
coniunctum effe affirmarent. Hoc faltem concedere debuiffent, hominum mentes neque fenfum vnquam neque rationem penitus perdituras
effe, verum in magna illa cum natura permiftio-
ne, humanitatis et priftinae in corpore commo-
rationis oblitas, nouam eamque diuinam vitam

in

in ipfo diuinitatis gremio delitefcentes, inchoa-
turas effe.

Nefcio vero, quo pacto Stoici ad hanc con-
clufionem nunquam peruenerint, quum tota
antecedentium cogitationum feries ipfos ad eam
quafi rapere videatur. E contrario ipfi illi Stoici, qui diuinam animorum originem tanto vbi-
que ftrepitu inculcabant, in altera de ipforum
exitu doctrina mifere et aniliter hallucinabantur.
Erant enim, qui mentes noftras corporum inftar
ita magno pondere obrui poffe putarent, vt
illas libero exitu prohibitas, ftatim fpargi,
atque difcerpi neceffe fit. (Senec. Ep. 57.)

Hactenus eorum, qui animam ftatim poft
corporis mortem capitis damnabant, fententia
fatis expofita, alteram illam, antiquiorum praefertim Stoicorum opinionem paucis abfoluam,
qua animos hominum aeternos quidem non effe,
fed per longum tamen temporis interuallum perdurare ftatuebant. Cleanthes ab ipfo Zenone,
Stoicorum patre edoctus omnes omnium hominum animas: Chryfippus vero folas fapientum
mentes ad magnam vfque totius vniuerfi conflagrationem fuperftites fore, credebat: in hac

vero

vero omnium rerum conuerſione ſeminales rationes, cumque his hominum ánimas in Jouem
reuerſuras eſſe. Zenonem quoque hanc animis
noſtris longaeuitatem largitum eſſe, ex loco mox
citando apparebit. Quicunque vero animos ad
totius mundi incendium perdurare docebant,
omnes illi, Chryſippo excepto, piorum animorum ſedes a flagitioſorum domiciliis ſedulo ſecer-
nentes, illis beatas regiones, hiſce vero hor-
rendas et aeternis tenebris oppreſſas ſpecus
aſſignabant.

Argumentum, quo animarum noſtrarum
durationem, atque in diuerſa loca, tum beata
tum infauſta tranſitum confirmabant, ex ipſo
illo omnium hominum conſenſu petitum erat,
quo Deum eſſe, et rebus humanis conſu-
lere, probare ſolebant. Huic omnium po-
pulorum judicio plurimum tribuebant Stoici;
éaque pro veris et ipſius naturae vocibus repu-
tabant, quae hominum conſentiente auctoritate
per omnes terras recepta ſint. Obſeruaſſe enim
ſibi videbantur, opinionum commenta temporis
diuturnitate deleri, naturae vero judicia eadem
longinquitate creſcere atque confirmari. Praeter

ter Ciceronem (II. de N. D. 2.) hanc Stoicorum argumentandi rationem, ad praefentem
quaeftionem ab ipfis applicatam memorat Seneca, Ep. 117. his verbis: Apud nos veritatis
argumentum eft, aliquid omnibus videri. Tanquam Deos effe &c. Cum de animorum aeternitate (fiue potius perduratione ad mundi interitum) differimus, non leue momentum apud
nos habet confenfus hominum, aut timentium
inferos aut colentium.

Si ex Stoicis iterum quaeris, qua ratione
hominum mentes, corpore folutae, fine hac,
quam fuftinebant, membrorum compage, et
fenfuum adminiculo exiftere, moueri, et omnibus, animantis ratione praediti, muneribus
fungi queant : et in hac occafione altum apud
illos filentium deprehendes. Omnium argutia-
rum, quas aliis in locis nimis liberaliter profun-
dunt, prorfus obliti videntur, et nuda tantum
afferunt effata : fapientum animas, qui vnicam
virtutem in hac vita fecuti fint, ftatim poft
mortem ad aëris, quo terra circumfunditur, vl-
timas oras effugere, easque regiones occupare,
quae fideribus proximae inter lunam et Terrae
orbem

orbem mediae interiacent. Tertullianus (de Anima c. 54.) testatur, secundum Stoicos sapientum animas aut sub lunam, aut circa lunam habitare. Idem declarat Lucanus, genuinus Stoicorum discipulus (Lib. IX. 1 - 10.) Pompejum ad superos eorumque domicilia euolasse, canens :

> Qua niger astriferis connectitur axibus aër,
> Quodque patet terras inter lunaeque meatus,
> Semidei manes habitant, quos ignea virtus
> Innocuos vita, patientes Aetheris imi
> Fecit, et aeternos animam collegit in orbes.

Antoninus quoque animas nostras in aëra egressas, aliquantisper perdurare posse, paulo post vero in naturae sinum recipi, dicit IV. 21. ἔτας. ἀι εἰς τὸν αἐρα μετιςαμεναι ψυχαὶ, ἐπι ποσον συμμεινασαι μεταβαλλεσι και ἐξαπτονται, εἰς τον των ὁλων σπερματικον λογον αναλαμβανεμεναι κ. τ. λ. Forsan et de defunctorum hominum mentibus intelligenda est Posidonii apud Ciceronem, Enunciatio : (de Diu. I. 30.) plenum aëra esse, immortalium animorum, in quibus tanquam insignitae notae veritatis appareant.

Nihil

Nihil opus fuiſſet, haec loca tanto ſtudio congerere, ſi Senecae teſtimoniis vti mihi ſtatim licuiſſet.    Verum hic ſcriptor toties immodico bene dicendi ſtudio Platonis ſomniis adeo intemperanter ſeſe immergit, vt eius ſententiae cum veris Stoicorum decretis nullo modo miſceri poſſint et debeant.    Nonne morientem Socratem, vel germaniſſimum ſaltem Platonicum audire tibi videris, dum in Conſolatione ad Marciam repente in magnifica haecce verba erumpit: Integer ille, (Marciae filius) nihilque in Terris relinquens, fugit et totus exceſſit: paulumque ſupra nos commoratus, dum expurgatur, et inhaerentia vitia, ſitumque omnem mortalis aeui excutit, deinde ad excelſa ſublatus, inter felices currit animas, excipitque illum coetus ſacer, Scipiones, Catonesque; vtique contemtores vitae, et mortis beneficio liberi.    Parens Tuus, Marcia, illic nepotem ſuum, quanquam illic omnibus omne cognatum eſt, applicat ſibi, noua luce gaudentem, et vicinorum ſiderum meatus docet &c.    Paucis interiectis Marciae patrem loquentem inducit, cuius oratio in ſequentia verba deſinit, cum antiquorum

Stoi-

Stoicorum opinione conſpirantia: Et cum tempus aduenerit, quo ſe mundus renouaturus ex-
ſtinguat, viribus iſta ſe ſuis caedent, et ſidera
ſideribus incurrent, et omni flagrante materia,
vna igne, quidquid nunc ex diſpoſito lucet, ar-
debit. Nos quoque felices animaé, et aeterna
ſortitae, cum Deo viſum erit, iterum iſta mo-
liri, labentibus cunctis, et ipſi parua ruinae in-
gentis acceſſio, in antiqua elementa vertemur.

Saepius in eundem declamandi furorem reci-
dit Seneca, et quod maxime mirandum eſt, in
iis ſemper locis, in quibus mortem omnium rerum finem, totius hominis in antiqua elementa
ſolutionem, altam denique et ſecuram, nullis
viſionibus turbatam quietem, ſine vlla circuitio-
ne declarauerat. Polybium ob fratris mortem
his rationibus conſolatur. (27. cap.) Ne itaque
inuideris fratri Tuo: quieſcit, tandem liber,
tandem tutus, tandem aeternus eſt. — Fruitur
nunc libero et aperto coelo, ex humili, atque
depreſſo in eum emicuit locum, quisquis ille eſt,
qui ſolutas vinculis animas beato recipit ſinu. —
Non perdidit lucem frater tuus, ſed ſecuriorem

fortitus eſt : — non negligit ille nos ſed ante-
ceſſit. In C. II. Epiſtola vero, cuius initio immortalitatem animorum bellum ſomnium, a ſa-
pientibus viris magis promiſſum quam proba-
tum, dixerat, tanto verborum ſplendore, et
ſimulata mentis incitatione animorum aeternitatem defendit, vt vix ipſe Plato hanc cauſam
maiore dignitate tueri potuiſſet. Alia (inquit)
origo nos exſpectat, alius rerum ſtatus. Detrahetur tibi haec circumiecta, nouiſſimum vela-
mentum Tui, cutis: detrahetur caro, et ſuffu-
ſus ſanguis: detrahentur oſſa, neruique firma-
menta fluidorum et labentium. Dies iſte, quem
tanquam extremum reformidas, aeterni natalis
eſt. — Pereunt ſemper velamenta naſcentium.
Quid iſta ſic diligis quaſi tua? iſtis opertus es.
Veniet, qui te reuelet Dies, et ex contubernio
foedi atque olidi ventris educat. — Platoni pro-
prias ſententias quiuis ipſius Philoſophiae non
plane rudis facile in adductis Senecae teſtimoniis
agnoſcet.

Antiquiores Stoicos praeter beatas felicium
animarum ſedes, locos quoque inferos ſtatuiſſe

in

In quibus animae omni flagitiorum genere inqui-
natae poenas luerent, prorſus ignoraremus, niſi
quidam Religionis Chriſtianae Antiſtites eorum
ſententias ſcriptis ſuis conſeruaſſent. Epictetus
enim, Seneca et Stoicus apud Ciceronem Luci-
lius (II. de N. D. 2.) nullos inferos, nulla, quae
apud inferos vulgo credebantur, portenta eſſe,
audacter pronuntiabant. Lactantius vero ( In-
ſtit. Div. VII. 7.) teſtatur: Zenonem Stoicum
Inferos eſſe ſtatuiſſe: ſedes piorum ab impiis
eſſe diſcretas: et illos quidem quietas ac delecta-
biles incolere regiones: hos vero luere poenas
in tenebroſis locis, atque in Coeni voraginibus
horrendis. Eadem de Stoicis affirmat Tertullianus: (c. 54. de An.) impiorum animos ad inferos detrudi dicens. Nusquam declararunt Stoici,
qualibus tormentis impiorum animos apud inferos vexari crederent: ſuſpicari tamen licet, ſi
Lactantii praeſertim auctoritatem ſequi volu-
mus, Zenonis ſententiam a Veterum Poetarum
fictionibus, quas Plato in Phaedone fuſius ex-
plicauerat, non valde diuerſam fuiſſe. Neque
forſan errabimus, ſi illos apud inferos cruciatus
impiorum animis propterea a Zenone adhibitos

Σ 2        eſſe

esse credamus, vt ab omnibus peccatorum sordibus, corporis contagione contractis liberarentur, et hac purgatione aptiores ad fatalem illam cum Deo conjunctionem redderentur.

Expositis hactenus Stoicorum sententiis, qui animam vel statim cum corpore deleri, vel per aliquod tempus superstitem ad mundi vsque conflagrationem perdurare putabant: pauca, quae restant, testimonia adjungam, in quibus iidem philosophi, qui pro animorum vel mortalitate vel longaeuitate tanta pertinacia pugnauerant, ab omni assensu animum cohibere, aut animorum quoque in corpora reditum defendere incipiunt. Saepissime Seneca sequenti disjunctione vtitur in neutram, quibus constat, sumptionum propensior: Mortem aut finem esse aut transitum; post funera vel nullum superesse sensum, vel beatiorem etiam conditionem nos excepturam esse. Mors (inquit Ep. 24.) nos consumit, aut emittit: emissis meliora restant, onere detracto: consumtis nihil restat, bona pariter malaque remota sunt. Eodem modo dubitat in Consol. ad Polyb. c. 27. in Ep. 65. et praesertim

71. his verbis: Magnus animus Deo pareat, et
quidquid lex vniuerſi jubet, ſine cunctatione
patiatur. Aut in meliorem emittitur vitam,
lucidius tranquilliusque inter diuina manſurus:
aut certe ſine vllo futurus incommodo, naturae
ſuae remiſcebitur et reuertetur in totum. Poſt
Senecam Antoninus quoque fateri videtur, hanc
quaeſtionem de animorum poſt mortem ſtatu ab
ipſa natura tenebris inuolutam eſſe, quae nulla
mentis acie diſpelli queant: omne futurum nec
percipi nec comprehendi poſſe: rem igitur tu-
tiſſimam eſſe aſſenſionis retentionem. Τι ταυτα?
(ſecum ipſe loquitur III. 3.) ενεβης, επλευσας,
κατηχϑης· εκβηϑι ει μεν εφ' ετερον βιον, εδεν ϑεων
κενον εδε εκει. ει δε εν αναισϑησια, παυση πονων και
ηδονων ανεχομενος και λατρευων τοσυτω χειρονι τω
αγγειω. Vid. VIII. 58, XII. 5.


Ex frequenti vero hac dubitatione in aliam
rurſus conjecturam ſiue potius ſententiam tranſit
Seneca, omnium Stoicorum leuiſſimus. In eadem nempe Epiſtola (71. Ep.) in que neque af-
firmare aliquid de animorum poſt mortem ſtatu,
neque negare audebat, non ſine aſſenſu hanc

T 3                    affert

affert opinionem : omnium, quas natura contineat, rerum femper in fefe remeantium continuum orbem effe : firmiffima et folidiffima corpora minui, frangi, diffolui : foluta vero in alia iterum componi : animos igitur noftros in beatum quidem naturae finum relabi, neque tamen aeterna quiete fopitum iri, verum potius in lucem et noua corpora remeaturas effe. Ita fequentia Senecae verba interpretor. . . . Proxima enim intuemur ; ad vlteriora non profpicit mens hebes, et quae fe corpori addixerit : alioquin fortius finem fui fuorumque pateretur, fi fperaret, omnia illa fic in vitam mortemque per vices ire, et compofita diffolui : diffoluta componi. Miror fane, ad hanc animorum in Deum et e Deo migrationem plures Stoicos delapfos non effe, quum adeo facili negotio ex vniuerfa eorum de Deo et hominum animis doctrina efficiatur. Nunquam quidem hac fua fententia id confecuti fuiffent, neque tantum aegris mentibus folatium attuliffent, quantum nos noftra de animorum immortalitate doctrina : dubitari tamen non poteft, quin jucunda miferis fpes illa et perfuafio fuiffet, fe iterum in hanc

vitam,

vitam, priſtinae licet immemores, redituros, et noua ſemper vitae curricula, breuibus tranquillae quietis interuallis a ſe inuicem ſeparata, ingreſſuros eſſe. Forſan huc trahi poſſent ſequentia Antonini Loca, IV. 21. V. 13. quorum tamen explicatio ab orationis fine, ad quem propero, longius me abduceret.

Perorandi vero veniam facile me impetraturum eſſe exiſtimo, modo rationes adduxerim, quare grauiſſima de animorum immortalitate ſententia Stoicis minus neceſſaria, huic oppoſita minus noxia viſa ſit, quam nobis vel Antiquioribus Platonicis.

Omnium certe Religionum et diſciplinarum nulla vnquam fuit, quae hac de animorum immortalitate ſententia facilius carere potuiſſet, quam ipſa illa, cui Stoici adhaerebant. Illae nempe cauſae, ob quas indocti pariter ac docti animorum immortalitatem ſperare ſolent, praecipuis illorum decretis omnes fere tollebantur. Putabant enim ( quod adeo peruulgatum eſt, ve teſtimoniis prorſus non indigeat ) beatiſſimam vitam in ſola virtute, calamitoſam vero in vitiis

et

et peccatis pofitam effe : illam cuiuis homini recto rationis vfu parabilem, et cum perfecta ratione eandem effe: haec vero iisdem animi viribus a quouis mortalium effugi poffe et potiffimum in quadam a recta ratione defectione confiftere : praeter virtutem vero et vitia (κακιαν) nulla neque corporis neque fortunae bona malaue effe, quibus fumma honefti viri beatitudo augeri vel minui poffit. Ex his denique pronunciatis concludebant, omnes fapientes viros et inter media tormenta beatos : ftultos vero et infipientes omnium miferrimos effe, etiamfi totius corporis fanitate, fingulorum membrorum integritate, et omnium rerum copia abundent. Virtus igitur fecundum Stoicos nullis extrinfecus praemiis, neque Deorum nectare et Ambrofia indigebat, cum fibi ipfa fufficeret, et cultoribus fuis vitae beatiffimae effectrix effet : vitia vero ex eorum fententia propria rabie et domefticis furiis ita agitabantur, atque tantas prauitatis et ftultitiae poenas dabant, vt nec fabulofa Poetarum tormenta, nec portentofas |Platonis voragines in flagitioforum fupplicia aduocare, neceffe fit. Quum igitur

vir-

virtutem ampliſſima praemia, vitia vero hor-
rendi cruciatus in hac ipſa, quam viuimus, vita
fatali quadam neceſſitate conſequerentur: nulla
alia poſt mortem vita illis opus erat, in cuius
aeternitate miſeri quondam virtutis cultores de-
bitis praemiis, ſceleſti vero et flagitiis ſuis olim
beati, omni poenarum genere afficerentur. Prima igitur et omnium grauiſſima ratio, ob quam
ceteri, ſapientiam profeſſi, immortalitatem
animorum ſperare et probare, auſi ſunt, a Stoicis repudiabatur, ſtatuentibus, virtuti et vitiis
non ſemper quidem bonam malamue fortunam,
ſed beatam tamen et miſeram vitam reſpondere:
Deum itaque, humani generis parentem, nihil
nobis debere, nos vero non ſine ſumma impietate de admirabili, qua mundus adminiſtratur
prouidentia queri poſſe, quum nemo non bo-
nae malaeue conditionis, quae ipſi contingat,
ipſe auctor atque effector ſit. *)

T 5                     Si

---

*) Plerique ex recentioribus, qui immortalitatem
animorum in dubium vocarunt, aut prorſus nega-
runt, Stoica hac argumentandi ratione vſi ſunt.
Petrus Pomponatius in famoſo, quem de Animae
im-

Si quis hanc rationis conclusionem concedere, illud tamen Stoicis objicere voluisset, aequitate et summa Dei bonitate dignius fore, si sapientibus viris, non per breue vitae nostrae spatium,

immortalitate conscripsit, Libello ita (p. 120. c. 14.) loquitur : ad tertium quod inferebatur, aut Deum non esse vniuersorum gubernatorem, aut iniquum : huic dicitur, neutrum sequi, diciturque nullum malum esse essentialiter impunitum, neque bonum essentialiter irremuneratum esse : pro quo sciendum est, quod praemium et poena duplex est, quoddam essentiale, et inseparabile : quoddam vero accidentale, et separabile: praemium essentiale virtutis est ipsamet virtus, quae hominem felicem facit &c. — ad oppositum modo de vitio, poena namque vitiosi est ipsum vitium, quo nihil miserius: nihil infelicius esse potest. — Eadem fere dicit Spinoza Eth. P. V. Prop. 41. 42. Quamuis nesciremus, Mentem nostram aeternam esse, Pietatem tamen, Religionem et absolute omnia, quae ad Animositatem et Generositatem referri ostendimus, prima haberemus. — Beatitudo non est virtutis praemium sed ipsa virtus: nec eadem gaudemus, quia libidines coercemus, sed contra quia eadem gaudemus, ideo libidines coercere possumus.

ſpatium, verum in omnem aeternitatem virtute
ſua frui liceret: alterum extemplo Stoicae philoſophiae decretum paratum erat, quo hanc ob-
iectionem infirmare poterant. · Pluribus enim
argumentis ſiue potius ſimilibus probare annite-
bantur : virtutem et beatitatem non productio-
ne temporis, ſed propria perfectione aeſtimari
debere : ob eamque cauſam neque optabiliorem
neque magis expetendam eſſe beatam vitam, ſi
ſit longa quam ſi breuis. (III. de Fin. 14.)
Quum igitur Stoici beatam ſapientis vitam non
metirentur annorum numero et temporis longinquitate, nemo amplius mirabitur, illos vitae
hujus continuationem minus curaſſe, quam cę-
teri homines ſolent, qui alia felicitatis menſura
vtuntur.

Aliud adhuc Stoicis relictum erat perfugium,
quod neſcio an rectius Latebras ſiue anguſtias
appellauerim. Statuebant enim, ſcelerum poenas ſi quis morte effugiſſet, eas a liberis et ſeris
nepotibus repeti; (III. de Nat. D. 38.) atque
contra ex iisdem aequitatis legibus in poſteros
virtutum praemia transferri, quibus majores,
praematura morte exſtincti, frui non potuiſſent:

into

imo eo vſque progrediebantur, vt quosdam homines a Deo indulgentius tractari ſtatuerent,
propter futuram nepotum pronepotumque ac
longe ſequentium poſterorum indolem. (V. de
Benef. 32.) Hoc erat totius diſciplinae arcem
prodere, dum caſtella quaedam defendere cona-
bantur. Ab omnibus aliis, non vero a Stoicis haec ſententia propugnari poterat, quoniam
tota de moribus philoſophia hoc decreto niteba-
tur: virtutem et beatam vitam in ſapientis
poteſtate eſſe: nec vllam vim externam, ne fati
quidem et ipſius Jouis tantam cogitari poſſe,
quae virtutem atque beatitudinem honeſto viro
eripere valeat.

Druckfehler

## Druckfehler und Verbesserungen:

Seite 6 Zeile 11 von unten für Bewußtseyn ließ Bewußtseyns

13 — 10 von oben für Graden ließ Grade

24 — 4 v. u. für uns ließ und

28 — 4 v. u. für in den ließ in dem

32 — 7 v. o. für sey ließ seyn

34 — 5 v. u. für bewußt ließ sich bewußt

37 — 2 v. u. für müssen ließ müßten

38 — 4 v. o. für sollen ließ sollten

48 — 6 v. o. für Gassendi ließ Gassandi's

— — 12 v. o. für ließ, ließ ihm

— — 3 v. u. für auch ließ auch durch

55 — 5 v. o. für nach ließ noch

58 — 1 v. o. für geben ließ gaben

60 — 2 v. u. für gereizt, wird ließ gereizt wird

— — 2 v. u. für hineingehen ließ hineinzugehen

65 — 4 v. u. für Schmeicheler ließ Schmeicheley

66 — 2 v. u. für machen ließ machten

70 — 3 v. u. für σαρκκ ließ σαρκα

95 — 12 v. u. für hätten ließ hätte

98 — 6 v. u. für Concreata ließ Concreta

113 — 7. 8. v. u. für ενατω κειμενασ ließ εναποκειμενασ

121 — 1 Note statt ασ ließ 'ασ

127 — 10 gerirer ließ geri res

135 — 14 für wie sie ließ wie sie nicht

136 — 17 für Gab. ließ Gal.

139 — 5 statt und dann, ließ und

— — 15 für Seelen ließ Leiber

Seite

# In dieser Handlung sind nebst mehrern nachstehende Verlagsbücher zu haben.

Maiers, Joh. Christ. teutsches weltliches Staatsrecht, abgetheilt in Reichs= und Landrecht, 3 Bände, komplet. gr. 8. 3 Thlr. 18 Gr.
  Der dritte Band ist in dieser Jubilatemesse neu.

Millers, D. J. P. Lehrbuch der ganzen christlichen Moral zum allgemeinen Gebrauch, zweite sehr vermehrte Auflage. gr. 8. 18 Gr.
  ist in dieser Jubilatemesse neu.

Ebend. ausführliche Anleitung zur weisen und gewissenhaften Verwaltung des evangelischen Lehramts. gr. 8. 1 Thlr.

Ebend. systematische Anleitung zur Kentniß auserlesener Bücher in der Theologie und in den damit verbundenen Wissenschaften, zweite vermehrte Aufl. 8. 1775. 12 Gr.

Ejusd. chrestomathia latina adformandum tam ingenium, quam animum puerilis aetatis accommodata, editio quinta multo emendatior 8. 5 Gr.

Dohms, Christ. Wilh. Geschichte der Engländer und Franzosen im östlichen Indien. 1ster Theil 8. 12. Gr.

Anti Pope oder Versuch über den Natürlichen Menschen, nebst einer neuen prosaischen Uebersezung von Pope's Versuch über den Menschen. 8. 14 Gr.

Deutsches Museum 1. 2. 3. 4. 5tes Stück. Jänner bis May, 1776. brochirt à 8 Gr. der Jahrgang kostet 4 Thlr.
  Alle Monate wird ein Stück prompt ausgegeben.

Katechismus der christlichen Religion für das Landvolk als der zweyte Theil des Katechismus der Sittenlehre für das Landvolk 8. 6 G.
  Ist in dieser Jubilatemesse ganz neu.

Campe J. H. die Empfindungs- und Erkenntnißkraft der menschlichen Seele 8. 12 Gr.

*Weßphal*, E. C. institutiones iuris naturalis artis ordine digesti et ab arbitrariis fori sententiis purgati 8. maj. Lipsiae 20. Gr.

*Glassii*, Salom. Philologia Sacra his temporibus accommodata a D. Io. Aug. Dathio Tom. I. Grammatica et Rhetorica Sacra 8. maj. Lipsiae 1776. 3. Thlr. 16 Gr.

Erxleben, Joh. Christ. Polykarp, physikalisch-chemische Abhandlungen, 1ster Band. 8. 1776. 22 Gr.

Blackwells Untersuchung über Homers Leben und Schriften aus dem Engl. übersetzt von Joh. Heinrich Voß mit einer Karte von Griechenland 8. 1776. 1 Thlr. 4 G.

Predigten des Herrn Magister Sebaldus Nothanker, aus seinen Papieren gezogen. 2 Theile, 8. 1776. 12 Gr.

Der 2te Theil ist in dieser Jubilatemesse neu.

Stegwart, eine Klostergeschichte. Erster Theil 8. 1776. 1 Thlr. 4 Gr.

Sententiosa vetustissimorum Gnomicorum quorundam Poetarum opera, praefatus est III Chr. Gottl. *Heyne,* continetur in hoc Volumine Pythagoreorum aureum carmen varietatem lectionis notas adjecit, in usum scholarum edidit Eberh. Gottl. *Glandorf* 8. Lips. 12. Gr.

Vorstehende 12 Bücher sind auch in dieser Jubilatemesse neu.

Englische allgemeine Bibliothek von mehrern Gelehrten in England ausgefertiget. Zwey Bände aufs Jahr 1775. oder Jänner bis December und Supplement machen 13 Stücke, brochirt, gr. 8. 4 Thlr. 12 Gr. Hievon sind die letzten 7 Stücke in dieser Jubilatemesse neu.